Un Mensaje

Cᴀʀʟᴀ Vɪᴠᴀɴᴄᴏ **M.**
Un Mensaje Copyright © 2018
Inscripción en el Registro de Propiedad Intelectual: 293.085

Ninguna parte de este libro puede ser reproducida, almacenada,
impresa o utilizada en formato digital, web, video o impreso
sin autorización escrita del autor. Escriba a carlavivanco@padrescreciendo.cl

Se terminó de imprimir esta
PRIMERA EDICIÓN
en los talleres de Copygraph
en diciembre de 2018

ISBN edición impresa: 978-956-398-386-9
ISBN edición digital formato ePub: 978-956-398-397-5

EQUIPO EDITORIAL
Carla Vivanco M., Paula Díaz R., Gabriela Corral D.

DISEÑO Y PRODUCCIÓN
Paula Díaz R. y Milenka Jeretic M.

ILUSTRACIÓN DE PORTADA
Roberto Román V.

Este texto está compuesto por la tipografía Digna Sans creada por el tipógrafo chileno **Rodrigo
Ramírez** alrededor de 2002. **Cuerpo de texto** Digna Thin tamaño 11 / interlineado 14 /
justificado a la izquierda. **Libro impreso** a 1/1 color, negro / papel bond / costura hilo.

IMPRESO EN CHILE / PRINTED IN CHILE

Un Mensaje

Ps. Carla Vivanco M.

Si tienes un hijo, nacido o anidando en tu vientre,
pequeño o ya adulto, biológico o del corazón,
este libro ha sido escrito para ti.

*A mi esposo, que creyó en mí y me dio todo su apoyo práctico
para que yo emprendiera esta aventura y llegara a la meta.*

ÍNDICE

Agradecimientos

Antes que todo, doy profundas gracias a Dios que puso en mí este llamado al trabajo con padres y madres y este sueño de comunicar mis aprendizajes escribiendo un libro, que espero sea el primero de muchos. A Él la honra por inspirarme, por animarme, por capacitarme y por llevarme a ser más fuerte que todo miedo y toda adversidad.

Agradezco a todos quienes alimentaron este sueño dando Palabra, orando por mí y alentándome a seguir: a la conferencista Janet Strout, que aunque no lo sepa inició este proceso en junio del año 2016; a Pablo Vergara, que siempre me alentó a perseverar y creyó en mí; a mi amiga y mentora Naara Urrea, quien apoyó con su sabiduría muchos de mis peldaños; y a mis queridas amigas Equipo de Mujeres con Propósito de la Iglesia Viña Las Condes, quienes permanecieron pendientes de mi recorrido, confiando en que llegaría a la meta.

Mi reconocimiento especial y profundo agradecimiento a quienes me ayudaron a revisar y corregir el primer manuscrito de este libro desde sus respectivos enfoques y áreas de trabajo: mi amiga, psicóloga y madre Catalina Cabrera; mi líder directa en la iglesia, madre y abuela Ruth Ruz; el autor Raúl Fullana; y la artista y madre Milenka Jeretic, quien me dio un certero feedback y además colaboró con su expresión artística al diseño de la publicación. Me dieron opiniones y correcciones con tanta gracia que me llevaron a un nivel mayor y me impulsaron a tomar el valor para los pasos siguientes.

Por último, mil gracias al equipo editor: Gabriela Corral, que con su calidad profesional me ha hecho aspirar a la excelencia; y Paula Díaz, que con su vasta experiencia y admirable dedicación me ha llevado de la mano a convertir este sueño en una realidad.

Prólogo

Es un privilegio haber leído este libro, llenarme de su contenido, haber sido desafiado por él y, más aún, ser convencido de que la prioridad mayor de las familias y los padres hoy día es la educación de las generaciones que vienen. Además, conocer a la autora, que con palabras sencillas nos lleva por un tema complejo y difícil que, sin embargo, nos alienta a pensar que no estamos solos, que cada "niño amado está más cerca de Dios y que todos los niños son nuestros niños en tanto son hijos de Dios". No me queda más que dar gracias a Dios por la iniciativa que comenzó en el corazón de Carla y que hoy da fruto en nuestras manos.

En el desarrollo de sus capítulos nos lleva hacia la experiencia personal de haber sido hija, madre, esposa y terapeuta, sin embargo, lo que más resalta es la experiencia profunda que emana de su relación con su Padre Eterno. Sin duda, que ésta es la experiencia que da sentido a las anteriores y que ella nos contagia a tener y experimentar.

Se le agradece a la autora que nos recuerde cómo es que está organizado, en una progresión evolutiva, el desarrollo humano; que hay momentos claves en este desarrollo y que es indispensable de conocer, ya que hay etapas que pueden favorecer o no el aprendizaje de hábitos y conductas adaptativas. Cada etapa del desarrollo ofrece oportunidades únicas para reforzar ciertas características y corregir otras, pero no todo se puede cambiar a nuestra imagen y deseo, por lo tanto, debemos respetar las formas de ser únicas que le dan a cada ser humano su sello e impronta individual. La autora nos anima a transitar confiados en que nuestra propia experiencia de ser hijos o padres y la experiencia sublime de sentirse en relación con Dios Padre, iluminará este transitar de llevar a los niños a Jesús, sin ser un impedimento para ellos, porque Él los lleva al Padre. Qué belleza la de entender que nuestra vida transita hacia un objetivo digno de quien nos llama, estamos transitando hacia el encuentro con nuestro Padre Eterno.

Mi experiencia como psiquiatra clínico de niños y adolescentes y como presbítero o pastor de una iglesia de la gran ciudad de Santiago, me hace ver las grandes necesidades de los niños y el abandono del que son objeto. Las familias uniparentales que son la regla actualmente, la ausencia de abuelos o familiares, el cansancio y el estrés que agobian a los cuidadores, indiscutiblemente exponen a los niños a la ausencia de control y supervisión; no tienen modelos de adultos y padres sanos, hay una dificultad de tener y estar en una relación significativa, lo cual se manifiesta en "niños que están pero que no son", es decir, sus vidas giran en una eterna búsqueda de la trascendencia sin logar alcanzarla, ya que ella se logra a través de las relaciones significativas que el niño tenga en las diferentes etapas de su desarrollo con alguien que le muestre el camino. Aquí la autora nos aporta herramientas, como la empatía, para lograr conectarnos con ellos y establecer puentes de confianza para saber qué es lo que necesitan y así ayudar a estos niños a reconocer sus necesidades y expresarlas de una manera sana y constructiva. Este libro, entonces, aporta un modelo de construcción de relaciones sanas en las diferentes etapas del desarrollo de nuestros hijos, las que permitirán su desarrollo pleno.

¡Qué tremendo desafío como padres, abuelos, iglesia y sociedad tenemos! Pero, como nos recuerda la autora, a Dios le plació que los niños nacieran tan desvalidos e indefensos, para que recordemos que Dios es un Dios de relaciones y que donde hay un encuentro entre dos personas o tres (familia) Él está presente.

Deshagamos las obras de las tinieblas o del mal amando a un niño, haremos el mejor regalo a las generaciones que vienen y le regalaremos a ese niño la condición de ser alguien en nuestra sociedad, alcanzando un lugar significativo en este mundo y, lo más importante, su corazón se alzará al encuentro de su Dios. Estoy convencido de que este libro contribuye a este magno objetivo.

Dr. Jorge Sobarzo Bustamante
Médico Psiquiatra de niños y adolescentes
Presbítero Iglesia Presbiteriana Cristo Rey
Docente Programa Entrenamiento Psicología Pastoral, PEPP
Santiago, octubre, 2018

Aclaraciones preliminares

Quisiera aclarar que:

- Cuando me refiero a padres, salvo que indique lo contrario, me refiero a los padres y madres indistintamente.

- Cuando me refiero a los hijos, salvo que indique lo contrario, me refiero a hijas o hijos indistintamente.

- Cuando me refiero a niños, salvo que indique lo contrario, aludo a niños y niñas indistintamente.

- Cuando me refiero a abuelos, aludo a abuelos y abuelas indistintamente.

- Cuando menciono a los padres, me refiero a los biológicos o adoptivos sin hacer distinción.

- Cuando hablo sobre el rol de padres, en general, me refiero a las personas que ejercen el rol funcional de crianza y formación, son los progenitores o quienes han decidido asumir un rol paternal. No desconozco que hay figuras que ejercen ese rol en las vidas de muchos hijos sin tener el título. Honro a padrastros y madrastras, abuelos, tíos y otras figuras cuidadoras que asumen este desafío por diversas circunstancias y lo hacen con amor y dedicación.

- En este libro estoy enfocándome en el rol de padre y madre, e intencionadamente no lo vinculo a una relación conyugal o amorosa entre ellos.

I. INTRODUCCIÓN

Nada en esta vida ha sido más revelador para mí que descubrir que Dios era *mi* Padre. Antes descubrí que era mi Salvador, mi Rey, mi Maestro, mi Señor; pero tardíamente en mi vida, descubrí que era, no un Padre, sino *mi* Padre; adicionando a mi vida la experiencia de relacionarme con Él de un modo cercano y familiar, entendiendo que me conoce y ama de manera personal. Es el mayor bálsamo que ha llegado a mi vida, el mayor lugar de reposo, la sensación de mayor aceptación y de ser verdaderamente amada. Ha quitado todo el peso del activismo religioso, del afán de servicio "a mi modo" sin escuchar *su* llamado, de los deberes que desvelan, del perfeccionismo sin causa y del errado "hacer" para "ser". Descubrirme hija amada, con privilegios, con derechos, con propósito, con herencia y con un lugar en las rodillas de Papá, me ha llevado a la libertad de ser yo misma; está desarrollando en mí la fuerza para silenciar las voces que dicen mentiras sobre mí misma y mis circunstancias y la valentía para abandonarme sin lucha a las manos de mi Papá-Alfarero.

Es mi anhelo que llegues a conocer y experimentar en tu vida la paternidad de Dios y que llegues a comprender la relevancia de tu proceso para la vida de tus hijos, así como la manera de favorecer que ellos lo conozcan y experimenten también como su Abba[1], su papito.

---

[1] Palabra aramea originaria del lenguaje infantil en el siglo II aC, pero que era usada por jóvenes y adultos en la época del NT para referirse al Padre en una relación de profunda intimidad y confianza. Es como Jesús ora al Padre en *Marcos 14:36* antes de ser arrestado y crucificado.

Pienso que pudiera haber aspectos centrales y prioritarios en tu vida, como procurar pasar tiempo a solas con tu Padre y cuidar de tu matrimonio, que son, de hecho, llamados bíblicos centrales. Sin embargo, aunque ser padre o madre no sea la tarea central y única de tu vida, quiero decirte que esta experiencia tiene gran relevancia para la vida de tus hijos y las futuras generaciones. De hecho, la relación que tus hijos puedan tener con Dios y la fortaleza de sus vidas conyugales, estarán vinculadas en gran medida con la manera en que hayan aprendido a relacionarse contigo. Esta idea me parece de tal importancia, que me ha inspirado a dirigir mi trabajo para colaborar con el crecimiento de los padres y madres de este tiempo.

Dios siempre tendrá un camino para llevar a sus hijos a su regazo y completar su obra en ellos. Todas las heridas de tu infancia pueden ser sanadas si dejas al Padre obrar... Pero mientras dura ese proceso, muchas veces, absolutamente sin quererlo, vas lastimando a tus hijos. Pienso que todo sería mejor, más sencillo y menos doloroso, si los hijos del Padre —que son padres y madres— son edificados en su rol mientras Dios va sanando sus propias heridas infantiles. Requieren ser entrenados en una paternidad y maternidad redimida, que les permita tallar en sus hijos, con toda intención y propósito, la verdadera experiencia del amor incondicional y de la dulce forma en que Dios nos ama y nos enseña. En algún punto, la cadena de hijos mal heridos y dolientes se tiene que cortar. Necesitamos una nueva generación cincelada desde la cuna con el amor del Padre. Esto implica una gran misión: dejar fluir Su amor a través de nosotros, en beneficio de nuestros hijos. Es perfectamente posible sanarnos, herir menos gravemente a nuestros hijos y que las heridas que no podemos evitar causarles sean elementos de construcción, crecimiento y aprendizaje, para ellos, nosotros y las futuras generaciones.

II. MI DESPERTAR

"...De la misma manera que el barro
está en manos del alfarero,
así estás en mis manos".

Jeremías 18:6b
Nueva Traducción Viviente (NTV)

Nada en mi historia ha sido un error. En las manos de mi Padre ha estado el deseo de crearme, darme una madre y un padre, una historia y un presente en el que siento el imperativo llamado de comunicar mis reflexiones acerca de la crianza y formación de los hijos.

Durante mi vida, sin darme cuenta, fui escogiendo áreas de trabajo profesional y ministerial relacionadas al crecimiento de los padres; hasta que un día entendí que donde estaba mi pasión y mi corazón, estaba mi llamado.

Una vez le pregunté a Dios: "¿Por qué siento tantas necesidades emocionales que mis padres no pudieron satisfacer?..." Entonces, comencé a vislumbrar que Él tenía planes de bien para mi vida y que podía tornar todo dolor en algo bueno. Hoy me parece como si se hubieran unido las piezas de un rompecabezas. El resultado ha sido llegar a este punto de concretar el llamado de Dios a escribir lo que me ha mostrado. Cada parte que se fue adjuntando, era un evento, una nueva revelación, un avance para lograr ver la imagen final. Dios sabía el resultado: Él sabía la imagen final que quería compartir a los padres y madres cristianos de estos tiempos.

Hoy comprendo que cada parte de mi vida era un aprendizaje que debía confluir en este mensaje y en herramientas de Dios para sus hijos, que han sido encomendados para formar a otros hijos suyos, más pequeños, desvalidos y a quienes Él ama con todo su corazón.

La primera pieza de mi rompecabezas, fue ver qué hacía Dios con mis carencias emocionales de niña. Mi padre fue un gran hombre, lleno de sueños e ideales, generoso, talentoso para emprender y muchísimas otras cualidades maravillosas, varias de las cuales me heredó. Sin embargo, era desapegado y no le fue difícil desentenderse de mí y de mi hermana, cuando dejó a mi madre para hacer otra vida. Tampoco pudo ser sensible a mis necesidades ni ser un proveedor confiable. Mi madre es una mujer maravillosamente fuerte, responsable, trabajadora, artista, detallista y talentosa en su área profesional. Pero, a su vez, traía muchas heridas emocionales, porque había sido dejada, en sus años más sensibles, al cuidado de familiares mientras sus padres vivían en el extranjero con su hermano. Ella no pudo reponerse del abandono y, de algún modo, siempre fue y seguirá siendo una niña a mi cuidado, más ahora que los años se están llevando su memoria.

Me sentí muy sola, muy desatendida. Sentí la mayor parte de mi vida que tenía que ser fuerte, aprendí que no debía pedir ayuda ni provisión, sino que debía arreglármelas sola como fuera y resignarme a la situación que me tocara. En lo emocional y muchas veces en lo práctico, cuidaba de mi mamá y mi hermana 10 años menor. Sin planearlo ni desearlo, estaba desempeñando el rol de madre, cuando aún necesitaba de una. Con el tiempo, Dios ha obrado para sanar mis heridas y todavía hoy, lo sigue haciendo. Las convirtió en un poderoso anhelo de tener muchos hijos para ser mamá, para ser una "buena madre". Quizás debería decir que quería ser "perfecta", porque inconscientemente buscaba dar a mis hijos lo que sentía que no había recibido. Obviamente no llegué a alcanzar mis expectativas y Dios usó mi fracaso y frustración para demostrarme que su poder está sobre toda madre o padre, y que jamás deja de estar a cargo. Me sigue enseñando mucho hasta hoy, señalándome mis errores. Pero el ver que aun sabiendo no dejo de equivocarme, me ha ayudado a aceptar que no existen los padres perfectos.

Solamente nos corresponde esforzamos por aprender y dar lo mejor que tenemos para amar y criar a nuestros hijos de forma que agrade a Dios. En el mejor de los casos, podemos ser padres enseñables: dejando que Dios nos corrija y nos guíe por los caminos mejores.

La segunda pieza del rompecabezas fue formarme como psicóloga clínica y dedicarme a la atención de jóvenes y adultos. A través de conocer sus vidas, comprender los conflictos que los llevaban a consultar y atravesar con ellos largos procesos de psicoterapia, pude ver que muchas de sus malas decisiones y problemas relacionales o de salud mental, solían tener raíces profundas en etapas infantiles. Dios me mostró las grandes heridas que pueden ocasionar los padres sin quererlo y, la mayoría de las veces, sin siquiera advertirlo.

Comencé a inspirarme y me motivé a investigar y aprender acerca del desarrollo infantil, el impacto de las experiencias tempranas, las necesidades de los hijos y las maneras más adecuadas para criarlos y formarlos. Desarrollé entonces una carrera paralela a la psicoterapia, dando charlas y talleres en jardines infantiles, colegios y empresas y asesorando a padres de manera personalizada. Descubrí así la otra cara de la moneda: la perspectiva del peso que sienten ellos por la responsabilidad de criar y formar personas; de las dificultades que tienen que enfrentar en los tiempos actuales y del impacto de sus temores, ansiedades, vacíos y heridas no sanadas de su propia historia.

Mis descubrimientos me impulsaban a buscar la manera de hacer cambios profundos en los padres. Así, fui formándome y especializándome en desarrollo infantil, hasta implementar y perfeccionar un modelo de intervención que lograra cambios profundos en los hijos *a través de sus padres* y facilitara la incorporación y el fortalecimiento de habilidades parentales para prevenir o resolver conflictos con los hijos. Después de probar y afinar este modelo por más de 9 años, puedo asegurar que es eficaz para la mayoría de los casos y que es aún más completo cuando los padres asesorados tienen revelación del Padre y una relación restaurada con Él.

La tercera pieza ha sido hacer familia y ser madre de tres hijos. He podido vivir en carne propia las luchas y las dificultades, llegando a aceptar que nada es fácil excepto caer en la desesperación. Me conmoví al ver que aun lo que sabía que no era bueno para mis hijos, salía de mí sin poder evitarlo y que muchos errores que cometía tenían un impacto negativo en sus vidas. En cambio, advertí que mis buenas decisiones, mis enmiendas y mi búsqueda activa del perdón y de la dirección de mi Padre, obraban en beneficio de mis hijos y nuestra relación. Constaté que Dios nos brinda infinitas oportunidades para crecer, corregir nuestras estrategias y aprender cosas nuevas, y fui aprendiendo en cada día, siendo cada vez más sensible a las necesidades de mis hijos. Fui reparando con nuestra segunda hija los errores que cometí con la primera; y con el tercero, la tarea fue mucho mejor realizada pero, ciertamente, tampoco perfecta. Esto me llevó a una convicción: el rol de padre y madre se aprende y se entrena, y Dios puede equiparnos incluso en aquello para lo cual ni siquiera tenemos la materia prima; porque Él es creativo y tiene el poder de hacer algo nuevo donde no había nada.

A esta altura de mi vida, ya no lucho por alcanzar la perfección que sé que no existe; sólo anhelo y me esfuerzo en dar lo mejor, confiando en que Dios suplirá y reparará todo lo que sea necesario. Agradezco cada día el privilegio de haberme hecho madre y de tenerlo por Padre.

Sin duda, nada escapa al control de Dios y Él puede transformar todo lo malo en algo bueno y puede también restaurar vidas que han sido dañadas. Pero Él espera que hagamos lo mejor posible en la tarea más importante de todas las que puede encomendarnos: hacer sus discípulos a nuestros propios hijos. Él nos dotará con todo lo necesario, si también nosotros nos esforzamos en dejarnos modelar.

"Ya te lo he ordenado: ¡Sé fuerte y valiente! ¡No tengas miedo ni te desanimes! Porque el Señor tu Dios te acompañará dondequiera que vayas".

Josué 1:9 (NVI)

Es maravilloso saber que los padres cristianos no hacemos esta labor solos, más bien la hace Dios, *a través* y *a pesar* de nosotros. En mi desarrollo profesional, he visto de cerca increíbles ejemplos de madres o padres muy dañados, que con su ayuda han hecho una hermosa labor, permitiendo así que Él cumpla *sus* propósitos para sus hijos. Pero eso no quiere decir que no tengamos que esforzarnos, sino muy por el contrario. Dios nos pide que seamos valientes y nos esforcemos, que no nos desanimemos, porque Él estará con nosotros donde quiera que vayamos.

La cuarta pieza de mi rompecabezas, es haber recibido el favor de Dios para comprender de su amor, cada vez de una manera más profunda. Desde niña, ya tenía certeza de su existencia y un anhelo de buscarlo. Pero en estos últimos 5 años, descubrí con mayor profundidad y de una forma insospechada el perfecto cuidado y el amor inconmensurable de Dios que había estado presente durante toda mi vida. Qué modelo más perfecto el habernos creado como hijos y amarnos como Padre, habernos hecho a su imagen y semejanza y mostrarnos su paciencia, misericordia y perdón sin límites. Qué modelo más completo del propósito de Dios y tan lleno de significado, el permitirnos llegar a ser padres y madres —biológicos o no— para experimentar parte de su amor y darnos el privilegio de amar. Mientras más lo conozco y más persevero para permanecer en su Presencia, descubro más y más cómo Él puede y quiere soplarnos al oído detalles específicos y delicados de nuestros hijos y de cómo podemos favorecer en ellos el desarrollo del propósito para el que fueron creados. A este nivel, no se trata del modelo general óptimo de crianza y formación de hijos, sino de una revelación personal que viene directamente de parte de Dios a cada padre y madre sobre cada uno de sus hijos en particular.

La quinta pieza es la motivación que Dios me ha dado a formarme sistemáticamente en su Palabra, aplicándola a la vida de padres, buscando la clave y la confluencia entre su Palabra y lo que Él ha revelado a las ciencias que estudian el desarrollo infantil y los vínculos tempranos. Nada se le escapa, tampoco lo que revela a las personas estudiosas sobre el funcionamiento del mundo, la naturaleza, la salud y la sociedad. Sin embargo, es necesario revisar la veracidad de los conocimientos a la luz de su Palabra; porque no todo lo que se cree cierto en un momento lo es en realidad. Ese trabajo de revisión me ha robado el corazón: mientras más lo asimilo, más comprendo de su amor plasmado en la historia completa de la humanidad y de su amor personal para cada uno de sus hijos.

Por último, lo que completa mi rompecabezas es lo que interpreto como un llamado específico de Dios a mi vida: transmitir lo que me ha sido enseñado, compartido y revelado. Estoy procurando cumplir con su deseo al escribir mis reflexiones, pensamientos, aprendizajes, descubrimientos, conclusiones, convicciones y experiencias. Mi única aspiración es servirle a Él en la edificación de su pueblo que ha sido llamado a la crianza y formación de los niños. Quisiera abordar, en una serie de libros, todos los temas relevantes que todo padre, madre y formador debiera saber, a fin de evitar el sufrimiento de sus hijos y que ellos se alejen de Dios. Jesús dijo: "Dejen que los niños vengan a mí" y, claramente, si erramos en el modo de tratarlos y criarlos, podemos afectar su personalidad o su vida espiritual, impidiendo justamente que vayan a Él.

> "Jesús dijo: 'Dejen que los niños vengan a mí, y no se lo impidan, porque el reino de los cielos es de quienes son como ellos'".
>
> *Mateo 19:14 (NVI)*

En este punto de mi vida puedo ver claramente cada pieza del rompecabezas hasta derivar en un llamado general a trabajar con padres y en específico a comunicar. Escribir este primer libro ha sido un acto de obediencia nada fácil. Ha sido escrito para contarte sobre un mensaje muy específico que Dios me dio para los padres y que relato en el capítulo VIII. Me llena de emoción recordarlo: con humildad, aseguro que jamás esperé ni soñé tal privilegio. Pero el mensaje fue tan claro y maravilloso que tengo la imperiosa necesidad de relatarlo.

III. TU DESPERTAR

"Porque yo soy el Señor, tu Dios,
que sostiene tu mano derecha;
yo soy quien te dice: 'No temas, yo te ayudaré'".

Isaías 41:13
Nueva Versión Internacional (NVI)

Puedo imaginar que has decidido leer este libro porque estás buscando dirección y ayuda en la crianza de tus hijos o de los niños que estén a tu cargo. Imagino tu interés por el tema y que experimentas el anhelo de aprender cosas nuevas. Asumo también que tienes una historia de vida en la que puedes recordar lo bueno y lo doloroso de la relación con tus propios padres.

Sé, por mi experiencia en el trabajo clínico, que tendrás dos maneras de abordar este libro. Una posibilidad es que cada tema te conecte con tu niñez y te lleve a pensar en ti, tus heridas, tus conflictos y cómo éstos afectan tu vida presente. Si este es el caso, debo decirte, que probablemente en ti hay heridas que no han sanado. Curarlas y procesar el pasado para atesorarlo como aprendizaje que fortalezca el presente es un gran y maravilloso reto. Tu Padre está contigo para llevarte en ese camino. No trates de correr y saltar etapas. Aunque este libro no está orientado a brindar esa ayuda, podría darte luces para comprender lo que faltó o lo que pasó para llegar a generar heridas. Léelo con tu corazón abierto y aplícalo a tu historia, luego procésalo y, si es necesario, pide ayuda o consejo.

Oro a Dios para que restaure y repare en ti lo que sea necesario. Así, cuando estés listo, vuélvelo a leer, pensando ahora en ti como padre o madre y en las necesidades de tus hijos. Los adultos más resueltos, logran ser padres y madres más efectivos.

La otra posibilidad es que notes que al leer piensas preferentemente en ti como papá o mamá. En este caso, probablemente, tu historia e infancia estén más procesadas. Esto no significa que no recuerdes tu infancia, errores de crianza o que no tengas heridas aún sin sanar. Pero si te inclinas preferentemente y de manera natural a leer, entender y aplicar esta información en tu vida de padre o madre, estás listo para seguir consolidando tu rol.

Espero ir construyendo contigo fundamentos sólidos para que puedas ser el padre o madre que Dios necesita que seas para tus hijos de esta época. Los padres y madres de este tiempo están llamados a criar a sus nuevas generaciones de hijos amados, con los que tiene grandes y bellos sueños. Dios sabe que necesita equiparnos y quiere hacerlo. Él sabe cuánto lo necesitamos, especialmente en la actualidad. Nunca antes en la historia de la humanidad, los padres se vieron tan confundidos y se sintieron tan desvalidos para ejercer su rol. Hay muchas razones para ello, pero yo quiero que me acompañes a revisar cinco aspectos de este tiempo, que hacen realmente difícil ejercer nuestro rol de padres cristianos. Vivimos un presente absolutamente nuevo y el futuro es incierto, somos una generación de padres sin modelos, nuestros hijos son niños diferentes, la sociedad nos empuja más fuerte que nunca corriente abajo y, además, enfrentamos tremendas dificultades para criar y educar a nuestros hijos.

1. Presente desconocido y futuro incierto

No te debe resultar difícil recordar la cantidad de cambios que han acontecido durante tu misma vida. En un lapso de menos de 50 años, aparecieron: la computación, los teléfonos celulares, Internet y con ello toda la revolución de las comunicaciones. Son cambios maravillosos, que sin duda alguna han traído una mejor calidad de vida y acceso a una conexión mundial muy beneficiosa. El problema no radica en los cambios en sí, sino en la celeridad con que se han producido, sin darnos tiempo de adaptarnos.

Se supone que somos los padres los que enseñamos el mundo a nuestros hijos. Pero éste ha cambiado frente a nuestras narices y las de ellos. Todo ha sido tan reciente que sin conocer nosotros "el mundo", difícilmente se lo podemos enseñar a ellos. Vamos descubriendo el presente, asimilándolo al tiempo que aparece y, muchas veces, nuestros hijos parecen lograrlo más rápido que nosotros. Cada día escuchamos de innovaciones y avances asombrosos en todas las áreas que podamos imaginar: transporte, medicina, energía, robótica, etc. En muchos ámbitos nos llevan total ventaja, porque acceden a la información fácilmente y los avances se ven aplicados rápidamente en sus propias vidas.

Citando como ejemplo, Facebook apareció a tiempo para que yo lo descubriera antes que mis dos hijas mayores y pudiera enseñarles algunos de los cuidados que debían tener. Sin embargo, la misma aplicación fue mutando y avanzando, y aparecieron otras nuevas, de modo que perdí toda posibilidad de resguardo para ellas. Muchos hijos que eran aún pequeños cuando Facebook apareció, comenzaron a usarlo antes de lo que hoy, después de años, se ha definido como la edad de inicio recomendada. Muchos de ellos sufrieron las consecuencias de usar un poderoso recurso de un modo peligroso y sus padres no lo pudieron prevenir. Hoy, los que están mejor informados, lo pueden hacer, porque los años han permitido identificar los riesgos y definir las mejores estrategias de prevención. Estos procesos de cambios requieren tiempo para que podamos adaptarnos a ellos en la formación y crianza. Pero últimamente, a menudo no se cuenta con este lapso necesario porque muchos de los cambios ocurren más de prisa de lo que alcanzamos a entender los fenómenos y a responder a ellos de manera adecuada. Somos la generación de padres más impactada por la celeridad del desarrollo, de toda la historia de la humanidad.

Citando otro ejemplo, en los últimos 5 años se observó un notorio aumento de consultas por retraso en la adquisición del lenguaje, hiperactividad y dificultades en la integración sensorial en menores que hoy tienen entre 6 y 10 años, que coinciden con quienes eran bebés cuando la televisión y las pantallas de dispositivos electrónicos tuvieron su mayor auge en nuestro país. Hoy nos encontramos en medio de la controversia de recientes investigaciones sobre el impacto negativo de las pantallas en el desarrollo infantil. Algunos estudios serios avalan la idea de que la exposición de niños menores de 2 años a las pantallas, se vincula a una demora en la adquisición del lenguaje oral. Esto se explicaría por la menor capacidad del cerebro inmaduro del infante para procesar los numerosos estímulos, dificultando la organización de la información. Recién hoy, los resultados de las investigaciones están saliendo a la luz y aunque aún son controvertidas sus conclusiones y no haya consenso en algunos sectores, la Academia Americana de Pediatría ha recomendado no exponer a los menores de 2 años a las pantallas. Sin embargo, los padres parecen no querer creer y no son firmes en tomar medidas. Se dejan llevar por el encanto de los programas infantiles aparentemente tan pedagógicos y positivos, o bien, no se sienten listos para asumir la ausencia de las niñeras cibernéticas y la crianza antigua del "niño en el suelo a su antojo".

Si el presente es asombroso e irrumpe, el futuro es de plano desconocido. No podemos hablarles a nuestros hijos del futuro, porque al ritmo actual que llevan los cambios, el mañana es totalmente incierto para nosotros. Nuestros abuelos y padres, podían proyectar su vida y suponer algo más o menos claro para su vejez. Pero nosotros, no podemos ni imaginar lo que viene y mucho menos nuestros hijos. Cuando mi padre era joven apenas había autos en las calles, cuando él era viejo estaba impresionado con los embotellamientos y la imprudencia de los conductores. Pero él de joven podía suponer que cada vez habría más autos. Yo hoy, con el ritmo de los cambios que he visto, no puedo imaginarme el tránsito en mi vejez. Puede ser que en 20 o 30 años, los autos vuelen y tendré que acostumbrarme a algo diametralmente diferente a lo que he conocido. Esto lleva a la difícil pregunta: ¿Pueden los jóvenes de hoy elegir una profesión teniendo la certeza de que seguirá existiendo en 30 años? ¡No pueden! Ellos lo intuyen. Son una generación que flota en la angustia y en la incertidumbre. La mía y generaciones anteriores podíamos proyectar nuestro desarrollo profesional a largo plazo. Los jóvenes de hoy pueden proyectarse solamente a corto y mediano plazo.

2. Generación de padres sin modelo

Generación tras generación, los padres aprendían de los suyos el modelo que querían seguir en la crianza de sus hijos. Observando la forma en que ellos tomaban decisiones y los formaban, podían decidir qué fórmula semejante o diferente querían implementar. Al nacer sus hijos, buscaban guía en el consejo de sus padres, los que, de algún modo, podían estar más cerca e involucrados en la formación de las nuevas proles.

Sin embargo hoy, aunque los padres consulten a los suyos, éstos no pueden dar respuestas a las necesidades y dificultades de la crianza actual. Si amablemente dan consejos, parecen no encajar del todo, porque este es un mundo con desafíos diferentes y las recetas antiguas necesitan ser revisadas, ajustadas, adaptadas y muchas veces desechadas. No es que lo antiguo no sirva. Por el contrario, los ideales son robustos, de valor y los objetivos al formar hijos no han variado. Seguimos anhelando formar hijos de bien, con valores culturalmente semejantes y, por ello, son las formas las que necesitan modificarse. Por ejemplo: antes se privilegiaba la enseñanza de la empatía a través de experiencias sociales como mirar a los demás en su vida cotidiana, jugar con otros niños en el parque, ayudar a los abuelos y hermanos mayores y recibir explicaciones certeras y enseñanzas de los adultos a cargo. Sin embargo, actualmente los niños tienen menos instancias para estas experiencias sociales y los padres, que tienen escaso tiempo y se encuentran sumergidos en sus quehaceres, probablemente pasen por alto varias oportunidades con potencial educativo. ¿Cómo aprenderá empatía esta generación? ¿Habrá que buscar entonces nuevas formas para llegar a enseñar los mismos ideales?

A los padres y madres modernos no les es suficiente el consejo de la abuelita o la fórmula mágica de la vecina, porque las circunstancias han cambiado. Lo que antiguamente era una solución posible, hoy probablemente no sirva. Los padres y madres actuales necesitan herramientas nuevas y confiables. Necesitan basar la crianza en conocimientos sólidos para resolver más efectivamente las dificultades que surgen de las complejidades modernas.

3. Hijos diferentes

Por muchos factores, los hijos de esta época no son iguales a los hijos de las generaciones pasadas. La vida de ciudad, la tecnología y los cambios generacionales en la crianza, entre otros, remarcan una particularidad en ellos.

En zonas rurales aún se conservan algunas costumbres que se han perdido en la urbe. Antaño, se vestía a los niños y se los mandaba al potrero a jugar con los animales o al enorme patio lleno de árboles frutales que podían investigar y escalar. Hoy se les viste corriendo para que no lleguen tarde al jardín de infantes o se les da un besito junto a un "me voy a trabajar, pórtate bien". Antes, en las tardes, había una chimenea encendida, hijos revoloteando y padres compartiendo; hoy, los padres llegan a casa sin energía alguna y aun así deben enfrentar tareas educativas y de cuidado de sus hijos, así como tareas de casa u otras responsabilidades. Los niños citadinos de hoy, en términos generales, son niños con menos contacto con la naturaleza, el aire libre y los animales; comparten menos con otros niños; son criados en familias más reducidas y, generalmente, no interactúan de manera frecuente con otros parientes; ven menos tiempo cronológico a sus padres y suelen ser cuidados por "nanas", niñeras, abuelos o instituciones guardadoras, o bien, se quedan solos algunas horas. Cuentan con menos espacio para jugar y muchos no tienen acceso a un patio o plaza de barrio; la mayoría no puede salir a jugar a la calle o a la plaza solos; tienen más exigencias académicas, más tareas para la casa, jornadas escolares más extensas y presiones por su futuro; se alimentan deficiente o inadecuadamente y hacen menos actividades deportivas y recreativas. ¿Cómo podrían no afectar tamaños cambios?

La irrupción de la tecnología también ha influido en el cambio de los niños. El autor estadounidense Marc Prensky en 2001, acuñó el término llamado "nativos digitales" para referirse a aquellos nacidos en la era digital, con acceso a multipantallas y tecnologías de la información. Se supone que esto impacta y está modelando los cerebros de los niños. Es demasiado pronto para saber los efectos que la interacción con la tecnología va a tener en sus vidas adultas, si beneficiará algún aspecto como la creatividad, la capacidad de realizar tareas múltiples, la facilidad para emplearse, por ejemplo. Tampoco se puede dimensionar tan pronto cuáles serán los efectos negativos a largo plazo, aunque parece avisarse ya de un retraso en el lenguaje, disminución en la capacidad de concentración o menores habilidades sociales cuando la exposición es demasiado temprana o excesiva. El cerebro plástico de un niño está modelando su cableado y, en ese sentido, las experiencias que tenga fortalecerán ciertas conexiones y las que no tenga debilitarán otras. Los niños de hoy son diferentes porque lo que se está fortaleciendo y debilitando en su cerebro es diferente a lo que fue fortalecido y debilitado en el de sus padres.

Podemos considerar también un factor generacional para el cambio. Los niños y adolescentes de hoy, en su mayoría, han sido criados por padres que estaban heridos por el autoritarismo de sus progenitores y que estaban decidiendo conscientemente que sus hijos debían crecer más libres, con menos reglas, presiones o responsabilidades. Estos niños parecían crecer más felices, pero carecieron de oportunidades suficientes, de momentos que contravinieran sus deseos, para hacerse más fuertes y más capaces de vencer la adversidad y de tolerar la frustración. Algunos de estos hijos, menos preparados para enfrentar situaciones límites y menos entrenados en la fortaleza emocional, están empezando a ser padres. Cuando he tenido que asesorarlos, noto su ansiedad para lidiar con el dolor de sus hijos y veo su tendencia a evitarles la espera y los malos ratos porque ellos mismos no toleran bien el malestar.

En resumen, los padres de hoy tienen que lidiar con hijos muy diferentes a los de antes, porque todos estos factores se potencian negativamente. En una imagen general, podemos decir que los niños de hoy suelen ser más inquietos, desafiantes o irritables. Se "portan mal" por el entorno frustrante y por las carencias que tienen. Se vuelve más difícil para ellos regular sus emociones y desarrollar habilidades sociales como la empatía, la resolución de conflictos, el autocontrol y la asertividad.

No obstante, no todo es tan negativo. Los niños de hoy también parecen más inteligentes, más seguros, están más informados y quizás tengan mayor capacidad de adaptación. Tampoco hemos hecho todo mal; lo cierto es que muchos aspectos se han corregido para bien. Al revelarse descubrimientos sobre neurociencia, acerca del impacto de las relaciones tempranas en la vida adulta y la estrecha relación entre las interacciones con los hijos y los cambios a nivel cerebral, hemos abierto un esperanzador camino para corregir los errores del pasado. En general, se está cambiando una crianza severa y distante, o bien, una cercana y con pocos límites, por una cercana, amorosa, más respetuosa, más firme y consistente, con mayor cuidado de las características de los niños y mayor conciencia de sus necesidades. Se ha llegado a acuerdo sobre hitos del desarrollo y aprendizajes específicos que tienen que darse en determinados periodos como base para una buena salud mental, para la expresión del máximo potencial y una mayor posibilidad de plenitud en la vida adulta.

4. Sociedad que nos empuja corriente abajo

El desarrollo infantil es un proceso sensible. Es necesario cubrir ciertas necesidades específicas en momentos puntuales para que un niño se desarrolle de manera óptima, en un sentido físico, psicológico, social y espiritual. No obstante, lamentablemente, muchos de los cambios culturales y los ideales actuales no ayudan a alcanzar estos objetivos. Hoy impera una cultura exitista y hedonista.

Actualmente, es un ideal cultural que las madres regresen a trabajar fuera de casa lo antes posible, aunque sus hijos sean aún pequeños. Ellas suelen sentirse culpables tanto si dejan a sus hijos al cuidado de otras personas o instituciones para salir a trabajar, como si se quedan en casa "perdiendo" su tiempo y truncando su desarrollo profesional. Se les hace creer que si dejan de trabajar salen del sistema y dejan de tener valor, es decir, fracasan. Se omite el valor y la relevancia de cuidar a los hijos en sus etapas sensibles. Tampoco se brinda redes de ayuda efectiva para que las madres que necesitan trabajar lo puedan hacer sin un costo emocional y físico tan elevado para ellas y sus hijos.

Otro ideal de nuestros tiempos es la formación académica de excelencia sustentada en el exitismo. Su pensamiento de base es que hay que brindar a los hijos la mejor educación que sea posible para que lleguen a ser exitosos. Para ello se les somete a un sistema de selección y estudio abrumador. Se les llena de tareas y se les presiona para rendir bien las pruebas. Se cree de mayor relevancia el aprendizaje del salón de clases dictado por un profesor, que el brindado por experiencias guiadas por sus propias motivaciones o por el modelaje directo de los padres, como el invitarlos a arreglar un enchufe o hacer un huevo revuelto. Tienen extensas jornadas y muchas actividades programadas en deporte, manualidades, música, teatro, danza, entre otras. Se respeta poco algo tan esencial como su biología: sus necesidades específicas, según la edad, de horas de sueño, tipo de alimentación, actividad física y tiempo libre. No obstante, todo este sistema enloquecedor está sustentado en la falsa creencia de que los niños dependen de la formación académica para llegar a ser exitosos. Se está omitiendo que su salud mental será más determinante para alcanzar una vida plena, que sería lo realmente exitoso. Y se está omitiendo que la formación saludable de los hijos en sus emociones y relaciones es relevante para su buena salud mental.

En estos tiempos se adora lo inmediato: se espera que todo suceda enseguida y no se respetan los procesos, ciclos o estados de cambio. Que no demoren en prestarte un servicio, que haya tomates todo el año, que el computador no tarde en encender. Pero, aunque hemos intervenido la naturaleza y las circunstancias para no tener que esperar, no es posible que suceda en todos los ámbitos. Bajo el paradigma de lo instantáneo, los padres suponen equivocadamente que sus hijos deben obedecer a la primera orden, que deben superar la pataleta porque se lo piden y que se les deben quitar rápido los celos con el hermano recién nacido. Pero no comprenden que todos estos aprendizajes son procesos que llevan meses o incluso años. Tampoco comprenden que el niño tiene ritmos diferentes a los de ellos para despertar, para finalizar un juego o, simplemente, para cumplir la orden de lavarse las manos. Sin entender esto, los apuran y presionan para caminar a su misma velocidad en cada tarea y terminan frustrados pensando que es el niño quien falla, desconociendo que son sus expectativas las equivocadas.

En la actualidad, se fomenta el consumismo: se crean las necesidades para que las personas compren, y esto abarca desde la moda, los alimentos, la belleza, hasta los servicios. Al igual que los adultos, los niños son bombardeados con productos e ideas y se trabaja arduamente para convertirlos en clientes y aspiradores permanentes de algo nuevo, dejándolos atrapados en "necesidades" ficticias. Ellos piden cosas y experiencias, y los padres se ven incitados a trabajar más para satisfacer esas supuestas necesidades. Es tanta la presión, que llegan a creer que el proveerles bienes es más importante que darles su tiempo. Pero mientras más son tragados por la máquina del trabajo, más se alejan de casa, más culpables se sienten los padres y más vacíos se sienten los hijos.

Esta cultura promueve y estimula la sensualidad y sexualidad. Estos elementos han perdido su carácter privado e invaden los espacios públicos a través de los medios de comunicación y la publicidad. Muchos adultos quedan atrapados en tentaciones y esto afecta sus decisiones. Los adolescentes, más inmaduros, pueden hacerse ideas erradas de la sexualidad, del amor y de las relaciones humanas. Los niños, pueden ser atropellados en su derecho de vivir su infancia de manera inocente y a su ritmo natural. Pueden ser despertados a una curiosidad temprana, a una erotización fuera de tiempo y de contexto, así como a enseñanzas erróneas acerca de su sexualidad e identidad.

Por último, en esta época se niega el valor del matrimonio y la familia y se pretende destruirlos. Se promueve la cultura de lo desechable, por ejemplo: si el matrimonio está con problemas ya no sirve, si el amor se apaga hay que separarse, si el otro no da no puede pedir. No se enseña el esfuerzo por mantener vivo el amor, el valor de la unión conyugal y la decisión de amar; tampoco la aceptación del otro tal y como es, ni el amor incondicional. Se enaltece la búsqueda del bienestar propio en vez de privilegiar el del otro y se le exige a la pareja más de lo que se le da. Se evita tener varios hijos para no sufrir escasez o incomodidades, o se escoge no tenerlos para no perder libertad e independencia.

Con todos estos "contras" culturales, queda claro que los padres de hoy, si queremos resguardar el bienestar de nuestros hijos y de las siguientes generaciones, necesitamos ser como ese tipo de salmones que llevan un mapa interno para saber dónde es la meta y que son capaces de nadar hacia ella, río arriba, en contra de la corriente con todo vigor.

5. Dificultades prácticas para criar y educar

Los padres de hoy tienen todo el amor para sus hijos, pero a veces no tienen fuerzas para jugar ni ánimo para conversar. Sucede un fenómeno muy común en estos tiempos: ver padres y madres agobiados y saturados de responsabilidades, llenos de problemas y situaciones que no saben resolver. El cansancio y las presiones los dejan sin energía y sin paciencia. La falta de modelos y de instrucción práctica y actualizada los deja sin herramientas ni estrategias efectivas.

Tienen que enfrentar un tiempo exigente, donde se necesita hacer un esfuerzo mayor para alcanzar la tranquilidad económica o el nivel de vida que aspiran. Muchas veces, el trabajo de la madre fuera de casa, no es una opción sino una necesidad, viéndose ambos padres en la misma rueda de presión. Las extensas jornadas de trabajo, los traslados agotadores, las presiones financieras y laborales y muchas veces el cuidado de sus propios padres —en este tiempo más longevos— los dejan exhaustos y en condiciones no favorables para llegar a casa a lidiar con el tipo de niños que describí anteriormente. Tienen menos para dar a sus hijos y a sí mismos, porque cada día pierden más de lo conveniente.

Se va generando en casa un clima tenso, interacciones impulsivas, malas caras, rabietas de los más pequeños o irrupciones de ira de los hijos mayores. Otros se aíslan, dejan de contar acerca de sus vidas y se quedan en soledad o buscan refugio en distractores o en otras personas, a riesgo de los peligros que de esto pueden derivar. Son hijos que no están recibiendo todo lo que necesitan y se empieza a manifestar como malos comportamientos y altos niveles de estrés. La vida familiar no es el remanso que se necesita, sino un nuevo generador de inestabilidad y malestar.

Pienso que estas dinámicas tan nocivas se relacionan directamente con el lamentable aumento de patologías psicológicas y psiquiátricas de niños y adolescentes en los últimos 10 años.

Otra dificultad para la crianza es que, en muchos casos, la madre o el padre tienen que criar a los hijos sin la participación del otro. En lo práctico, si recurren a la ayuda de las abuelas, es frecuente que pierdan autoridad y derechos. También una cuidadora o nana[2] que pasa más tiempo con los niños suele saber más de ellos o llega a entender sus procesos mejor que los propios padres.

Pero la falta de tiempo es el mayor de los obstáculos, porque para cultivar cualquier relación se necesita pasar juntos momentos exclusivos y de calidad. Ningún hijo podrá encontrar espacio para contar los hechos importantes de su vida o compartir sus sentimientos si no se ha generado un clima de confianza y no encuentra el momento propicio. Tampoco los padres podrán conocer a sus hijos, sus temores, sus batallas, sus necesidades, si no pasan tiempo con ellos. Los padres buscan compensar su ausencia con regalos o con privilegios; pero de ninguna manera esto compensará la falta de cercanía o de comunicación. La distancia y poca conexión

---

2   Nombre usual utilizado en Chile para referirse amigablemente a la persona que trabaja en labores de casa, que suele también cuidar a los niños.

emocional tienen un impacto negativo enorme, que puede darse incluso si hay presencia y compañía pero las mentes y afectos no se entrelazan.

El tiempo es necesario también para educar. Es a través de procesos que demoran, que los niños son guiados hacia un comportamiento positivo, a la modulación de afectos y a adquirir patrones sociales que les faciliten adaptarse, ser parte y vincularse sanamente. Si los padres no están presentes en la vida de sus hijos, entonces, ¿quién los educa?... La respuesta más obvia es que aprenden de su entorno, de la sociedad, de los medios de comunicación, de los juegos, de sus pares, de las redes sociales. Por ello, es necesario reflexionar si éstos enseñan a tus hijos lo que tú quieres que aprendan. Si no es así, necesitas avanzar hacia un rol más protagónico en la vida de ellos.

En resumen, ¡te estoy desafiando a despertar! Es difícil, pero no imposible, romper los circuitos no virtuosos que están dañando a las futuras generaciones. Te estoy animando a tomar el lugar que Dios te ha dado en la vida de tus hijos, comprendiendo que lo que hagas o dejes de hacer, impactará sus vidas. Estoy sugiriéndote que escojas destinar tiempo y energía para hacer los cambios que, con tus ojos más abiertos, decidas que son necesarios de hacer. Te estoy alentando a cambiar el futuro de ellos y de las generaciones venideras. Se necesitan soldados mejor equipados. Dios necesita niños y jóvenes fuertes para impactar al mundo de hoy.

También te estoy dando esperanza: te estoy asegurando que se puede. Existen maneras acertadas y efectivas de resolver cada obstáculo en tu rol de padre o madre. La psicología moderna y la neurociencia han avanzado a paso firme y tienen muchas respuestas. Dios ha instruido y ha revelado información valiosa que de ningún modo contradice su Palabra. Muchos hombres y mujeres de Dios están siendo llamados, al igual que yo, a dar respuestas y dirección a los padres de este tiempo. Tenemos esperanza en Él.

Además, aunque es cierto que en la actualidad hay problemas nuevos y complejos, hay también maravillosas oportunidades y herramientas disponibles. Sólo hace falta tener la mente abierta, investigar, tomar decisiones, buscar ayuda y utilizar lo adecuado de los recursos que se encuentran disponibles: mejores juguetes, comunicación online, material educativo de calidad, relojes con GPS, teléfonos para estar comunicados con los más pequeños y un sinfín de artículos que podrían hacer nuestra vida más fácil. Que Dios nos haga astutos y sabios para discernir: aprovechar lo bueno y descartar lo malo.

IV. EL CORAZÓN DEL PADRE

"Con sus plumas te cubrirá
y con sus alas te dará refugio.
Sus fieles promesas son tu armadura y tu protección".

Salmos 91:4
Nueva Traducción Viviente (NTV)

¿Con cuánto amor observas a tus hijos? Tu mirada se enciende de amor cuando los ves dormir, alimentarse, aprender, jugar, lograr metas, enamorarse. Eres su admirador, un expectante de su futuro, un idealista de lo bueno. Te duele si los ves sufrir, te compadeces si los ves en necesidad, te angustias cuando los ves confundidos, te entristeces si los ves fracasar y te alegras cuando ellos saltan de felicidad. Ves a tus hijos con ojos de padre o madre. Sabes que tu amor no decae sin importar el rumbo que escojan, la forma en que sean, las decisiones que tomen o la gratitud que te demuestren. Estarías dispuesto a sacarte el pan de la boca si tienen hambre o a dar tu vida si la requieren. Sientes que ese amor de padre no tiene límites.

¿Has pensado en la sobrecogedora manera en que Dios te mira? Tú ves a tus hijos del mismo modo en que Dios te ve a ti: Su mirada se enciende de amor cuando te ve dormir, alimentarte, aprender, descansar, divertirte, lograr metas, amar. Es un admirador tuyo, un expectante de tu futuro, un idealista de lo bueno para tu vida. Le duele cuando te ve sufrir, se compadece si te ve necesitado, se angustia cuando te sientes perdido, se entristece cuando fracasas y se alegra cuando eres feliz. Te ve con ojos de Padre. Su amor no decae sin importar el rumbo que escojas, la forma en que seas, las decisiones que tomes o la gratitud que le demuestres. Está dispuesto a darte todo lo que necesites y dio su vida para que tuvieras vida eterna. Su amor de Padre no ha tenido ni tendrá límites.

Nada ha conmovido más mi corazón que tomar consciencia de esta verdad: Dios me ama a mí con profundo y eterno amor de Padre. Es maravilloso observar cómo Dios nos ha revelado su amor a través de la posibilidad de ser padres y madres. A través de la experiencia de ser hijos y padres, podemos asimilar más de su carácter, de su condición de protector, proveedor, dador, cuidador, sanador, consolador y mucho más... Estremece mi corazón la idea de pensar a Dios amándome así como yo amo a mis hijos, especialmente al recordar el sentimiento genuino al sostenerlos en mis brazos por primera vez. Repaso mi emoción, entusiasmo y expectativas. Este primer amor hacia los hijos debe ser el amor de Dios, tan profundo que atraviesa el corazón, tan sereno que habla en silencio, tan incondicional que daría la vida, tan poderoso que puede mover montañas.

27 Y Dios creó al ser humano a su imagen; lo creó a imagen de Dios. Hombre y mujer los creó,

28 y los bendijo con estas palabras: "Sean fructíferos y multiplíquense; llenen la tierra y sométanla; dominen a los peces del mar y a las aves del cielo, y a todos los reptiles que se arrastran por el suelo".

Génesis 1:27-28 (NVI)

Muchas veces me he preguntado acerca de la paternidad de Dios tan perfecta y de su gracia para con nosotros. Pienso que en su plan perfecto de poblar la Tierra, planeó hacernos padres a "su imagen y semejanza". ¿Qué quería decir Dios al decir eso? Esta frase se puede interpretar en muchos sentidos, pero al aplicarla a la paternidad, creo que muestra su anhelo profundo de conectarse con nosotros, revelándonos el misterio de su amor paterno. En ese mundo perfecto que planeó, seríamos enriquecidos siendo padres y madres, dando de su amor a nuestros hijos, llenando la Tierra y dominándola en todo su esplendor. Creo que Dios deseaba que amáramos a nuestros hijos de la misma manera perfecta en que Él nos ama a nosotros; que en ese lugar de paraíso e intimidad —con su presencia constante— sabríamos cómo cuidar y amar a nuestros hijos, siendo las madres y los padres que Él nos mostraría que nuestros hijos necesitaban.

Sin embargo, después de la caída, en un mundo derrumbado y con el peso del pecado, nada sería igual. Aunque Dios ha permanecido siempre, el ser humano persiste en vivir sin Él. Tampoco hemos buscado su dirección al ser padres. El Antiguo Testamento nos revela historias que pueden partir el corazón al pensar en padres y madres que trajeron dolor a la vida de sus hijos e incluso que marcaron sus destinos, provocándolos a sentir ira, celos y rivalidad, y llevándolos a contienda. Hoy no es muy diferente.

El maravilloso plan de Dios no termina ahí, porque los que lo aman y siguen pueden ser restaurados: perdonados, sanados e instruidos. Los padres restaurados no estamos solos. Tenemos al Espíritu Santo que nos guía de manera permanente. Gozamos entonces de ese maravilloso regalo para guiar nuestro camino, tenemos a Jesús como modelo y contamos con las poderosas herramientas de la oración y Su Palabra. ¿Qué puede salir mal?

He descubierto que en los momentos en que he sentido la maternidad como un peso —cosas que no resultan como espero o sentimientos de incapacidad, desorientación, temor o angustia— es porque estoy olvidando que antes de que yo fuera madre, Él fue Padre de esos que yo llamo "mis hijos".

Estos pequeños, nacieron de su propio anhelo y propósito, Él los creó. Solamente me los prestó y me los "encargó" para ser el puente que los lleve de regreso a sus brazos. Pero jamás los pierde de vista.

Este pensamiento me calma y me reenfoca, porque dejo de pensar en el anhelo imposible y exigente de ser una "madre perfecta" y comienzo a confiar en que Su cuidado, amor y cobertura están sobre mí y mis hijos. Lo busco, dejo que me guíe y yo me enfoco en modelar y estampar en sus corazones el amor real del Padre a través de mis conductas.

Es bueno y maravilloso que mis errores de madre, mis incumplimientos, fallas, olvidos, vacíos, ineptitudes, negligencias, destrucciones y mucho más puedan ser evitados o bien cubiertos con su amor perfecto. Mucho de lo que pudimos hacer mal, Dios lo ha impedido por el bien de sus hijos más pequeños; y mucho de lo que hemos hecho mal y Él ha permitido, ha quedado cubierto con su amor inmenso. Sé que Dios, nuestro Padre, el Padre de nuestros hijos, sana y restituye. Sé que Él cumplirá sus propósitos en la vida de mis hijos a pesar de mí.

Sin embargo, no por esto tendría que tomar a la ligera su misión. Aunque sé que Él sana, no quiero herir a mis hijos ni interferir en la manera en que se relacionen con su Padre. Tengo el anhelo de ser la mejor madre posible. Para eso he buscado la dirección directa de Dios a través de su Espíritu Santo, he orado, he leído y reflexionado su Palabra, he buscado aprender de muchos autores y estudiosos inspirados por Él y he buscado sabios consejos.

No hay nadie mejor que el Padre para enseñarnos a ser padres. Él es creativo y tiene variados caminos para enseñarnos. Su corazón nos guía a ser los padres que Él nos ha llamado a ser.

V. MIRAR CON SUS OJOS

"Pero el Señor le dijo a Samuel:
—No juzgues por su apariencia o por su estatura, porque yo lo he rechazado. El Señor no ve las cosas de la manera en que tú las ves. La gente juzga por las apariencias, pero el Señor mira el corazón".

1 Samuel 16:7
Nueva Traducción Viviente (NTV)

Las necesidades de los niños son muchas. Nacen tan dependientes, que requieren absolutamente todo de parte de los adultos que los cuidan: el alimento, el abrigo, el aseo, el amor, la conexión, la protección, etc. Muchos niños en el mundo no tienen cubiertas las necesidades más básicas: pasan hambre, sienten frío, viven en soledad, son abusados, sufren abandono, carecen de libertad, no tienen la oportunidad de jugar o aprender, o incluso la de nacer. No es materia de este libro, pero no podemos desconocer que la labor de cualquier hijo de Dios es aportar, donde sea que nos encontremos y como nos sea posible, para evitar el dolor de los más pequeños. Podemos orar por ellos o ser los brazos concretos del amor de Dios en sus vidas, como sea que Él nos llame a servir. Cada pequeño que sufre, está un poco más lejos de ver a Dios; pero cada niño que es abrazado, de alguna manera, por el amor a Dios a través de otro ser humano, puede llegar a creer que Él existe y que lo ama. No seas ciego ni te niegues a ayudar, porque todos los niños son *nuestros*, porque son los hijos de Dios.

Los padres y madres suelen tener claro y les resulta prioritario satisfacer, en la medida que ellos pueden, las necesidades de alimento, vestuario y educación de sus hijos. Pero es radicalmente importante considerar también sus necesidades emocionales, porque hay certeza de que en cada etapa del desarrollo tienen requerimientos particulares que tienen que ser cubiertos por alguien. Ese "alguien" ha sido básicamente designado por Dios: es su padre y madre, sea biológico o adoptivo. Es una tarea que Dios mismo encomienda. Algunos padres valientes la asumen con responsabilidad, otros la delegan con la misma responsabilidad. Lo importante es que quienes la estén en efecto realizando sepan la relevancia de esta misión para las vidas de los hijos.

Por alguna razón, Dios planeó que naciéramos tan desvalidos. He pensado que esto puede estar vinculado a la importancia que Dios asigna a las relaciones. No hay nada más profundo que la necesidad de amor y cuidado de otro ser humano para formar un vínculo íntimo de amor, donde se recibe de otro lo que tanto se requiere. Nadie en este mundo conoce mejor a sus hijos y nadie tiene más poder en esta Tierra sobre sus vidas que sus propios padres. La tarea de cubrir sus necesidades emocionales es de ellos. Por esto, la habilidad parental más relevante es la sensibilidad: la capacidad de captar las necesidades de los hijos. Para ser sensibles, tenemos que aprender a mirar desde su perspectiva, mirar con los ojos del Padre que ve su corazón.

Las cosas se ven de una perspectiva diferente, dependiendo de la posición desde la cual se miren. Eso es obvio cuando se trata de objetos o paisajes. Sin embargo, aunque podemos entender que se aplica también a las relaciones humanas, no es fácil identificar cuál es la perspectiva del otro respecto de la misma realidad que nosotros miramos. Muy a menudo, creemos estar parados en los zapatos del otro, pero en realidad se parece más a "cómo estaría yo parado allí". Es decir, lo difícil es, en realidad, desprenderse de uno mismo, para saber cómo se siente y qué piensa el otro en el lugar donde se encuentra.

Esta capacidad que es favorable en todo ámbito humano, es imprescindible en la relación con los hijos. Suele ocurrir que interpretamos una desobediencia o un mal comportamiento desde nuestro punto de vista. Desde nuestro lado, los problemas parecen absurdos, pequeños, sin sentido; por ejemplo, su frustración cuando los mandamos a la cama o les negamos un permiso. Desde nuestro lado, lo que les pedimos parece tan sencillo y simple que si no lo logran es porque simplemente "no quieren"; tal como apurarse en lavarse los dientes o recordar hacer su tarea. Lo que pensamos acerca de lo que les pasa, dirige nuestros comportamientos. Si interpretamos algo como desobediencia, nos molestaremos; si interpretamos algo como exageración, no creeremos que merezcan consuelo; si interpretamos algo como manipulación, nos esforzaremos por ganar la partida.

Necesitamos aprender a mirar desde la perspectiva de ellos y asimilar que detrás de cada comportamiento hay un motivo y un sentido. Si miramos desde la perspectiva de ellos, los podemos comprender y así dirigir nuestros cuidados y comportamientos adecuadamente. En este sentido, descubrir el significado de una pataleta como la manifestación de su frustración y necesidad de compañía, atención o consuelo, en vez de interpretarlo como "maña", nos mueve a brindar eso que necesita en vez de quedarnos parados en la insensibilidad. Dios nos mueve a no juzgar por las apariencias, sino a ver con sus ojos el corazón de los hijos. Detrás de esa pataleta está una frustración que el niño pequeño no sabe regular y lo que necesita es nuestra ayuda para sentirse mejor al enfrentar la misma circunstancia.

Son tantas las posibilidades que pueden acontecer a los hijos, que es necesario entrenarse en reflexionar. Esto significa acostumbrarse a hacer una pausa reflexiva para entender lo que está pasando dentro de ellos. Desde el lugar de ellos, la vida se ve y se siente muy diferente. El mundo de nuestros hijos está tan lleno de sensaciones, emociones, expectativas y estrés como el nuestro; incluso cuando son bebés. Un recién nacido, por ejemplo, experimenta frío cuando le sacan la ropa, puede sentir miedo cuando lo meten a una bañera llena de agua, se siente aliviado cuando satisfacen sus necesidades, tiene la expectativa de conectarse con otro ser humano y siente un inadecuado estrés cuando se le deja llorar sin ser atendido. Si experimenta una tensión —como hambre o frío— su cuerpo se activa para responder a través del sistema neuroendocrino. Pero si no recibe la asistencia adecuada, su sistema de alerta se mantiene encendido sometiendo su cuerpo y mente a un estado de estrés sostenido que se relaciona incluso con patologías como ansiedad y depresión en la vida adulta. En este sentido, ser sensibles es una cualidad que ayuda a los padres a responder de manera adecuada y evitar consecuencias negativas.

Otra ventaja de la sensibilidad y la capacidad reflexiva, es que disminuye la posibilidad de que el padre se quede atrapado en emociones equivocadas por malos entendidos. Por ejemplo, reconocer que la mala reacción de un hijo adolescente por la negativa de un permiso tiene relación con su frustración y no con querer hacer daño al padre. Si éste se quedara atrapado en la idea de que su hijo es un "mal agradecido, incomprensivo y desafiante", permanecerá enojado y será más difícil restaurar la relación y promover su calma, puesto que se sentirá pasado a llevar o disminuido en su autoridad. Por el contrario, si deduce lo que a su hijo le pasa, podrá ayudarlo a él a sentirse comprendido y respetado ("sé que te sientes molesto y frustrado por no ir a esa fiesta") y no tomará distancia porque tendrá certeza de que su reacción de ira no tenía en sí misma la intención de ofenderlo ni desautorizarlo, sino que era una respuesta emocional esperable en la adolescencia.

Un día en que estaba jugando Monopolio con mi hijo de 8 años, sucedió que en un momento en que él debía hacer una operación que demoraba más tiempo, aproveché de avisarle que iría a ver la ropa que estaba secando. Al rato me avisó que ya estaba listo y le dije que iba enseguida. Seguimos jugando y noté que empezó a demorarse excesivamente en cada jugada y comencé a aburrirme y desesperarme. Se lo dije. Llegó la hora que habíamos fijado como término y se mostró enojado, pero ese era nuestro acuerdo. Le pregunté qué le pasaba, confiando en su capacidad de reflexión de los 8 años y felizmente advertí que lo sembrado daba frutos; me explicó claramente que mi demora lo había enojado porque eso nos había quitado tiempo de juego. Pude ponerme en su lugar y entender su frustración y que además él sentía que había perdido el juego por tener menos tiempo. Desde su perspectiva, mi demora lo había hecho perder. Le pedí disculpas sin entrar en explicaciones racionales adultas acerca de que igual hubiera perdido. Me quedé en su impresión y en sus sentimientos. Le di un besito y le dije que tendría más cuidado la siguiente vez. Claramente todo su enojo se había manifestado como demora irritante; pero todo tenía un motivo y un sentido.

La comunicación con nuestros hijos sería más fácil si ellos supieran siempre lo que sienten y pudieran expresarlo. Pero generalmente, cuando son pequeños, no pueden ordenar la información en su mente ni pueden expresarla para que los comprendamos. Un día cuando ese mismo hijo tenía como 3 años, me hizo una gran pataleta tirándose incluso al piso cuando lo retiraba en la puerta de su jardín infantil. Resultaba muy extraño su comportamiento, porque habitualmente me saludaba y abrazaba feliz. Me llevó algún tiempo de reflexión descubrir que se alteró porque ese día yo saludé a otra mamá antes de saludarlo a él. Desde su perspectiva, yo lo había dejado esperando con su saludo, sintiéndose profundamente frustrado y enojado, sin poder evitar su descontrol.

La capacidad de reflexionar y mirar desde la perspectiva de los hijos es muy importante para los padres, independiente de la edad que ellos tengan. Hasta los que ya son adultos o incluso son padres, siguen requiriendo la misma comprensión. Hay una gran variedad de pensamientos y sentimientos que pueden surgir desde las perspectivas de los hijos, porque cada ser humano es impresionantemente complejo. Un padre necesita hacer el esfuerzo consciente de reflexionar y analizar cómo sus actitudes, conductas u omisiones, van impactando la vida de sus hijos. Es relevante que descubran cómo experimenta su hijo la formación, la relación, la corrección, así como qué impresiones y ejemplos está observando y aprendiendo para su vida. El hacerlo aporta mayor posibilidad de comprensión, favorece la relación, mejora la actitud y permite dar a los hijos con más propiedad aquello que necesitan.

Dios quiere que veas más allá de lo evidente, quiere que mires con sus ojos. Quiere que ya no veas a tu hijo de 2 años —tirado en el piso llorando porque no le serviste la leche en la taza que quería— como un malcriado; sino que veas con sus ojos la frustración de ese pequeño ser humano que no tiene aún los recursos para poder explicar lo que quiere y para calmarse sin tu ayuda. Quiere que ya no veas a tu adolescente como un mal educado y antisocial que se encierra en su cuarto, sino que veas con sus ojos que está pasando por un periodo de cambios que le duelen, que tiene problemas tan importantes y agobiantes como los tuyos, que le cuesta lidiar con sus estados de ánimo y se le hace difícil buscarte aunque te necesite. Hasta este punto, no hablo de cambiar tus acciones, sino de ser más sensible y empapar tu mirada de respeto, misericordia y comprensión. Tus ojos para mirar a tus hijos y a ti mismo necesitan entrenarse.

VI. CARACTERÍSTICAS DE LOS HIJOS

"Jesús siguió creciendo en sabiduría y estatura,
y cada vez más gozaba del favor de Dios y de toda la gente".

Lucas 2:52
Nueva Versión Internacional (NVI)

Si bien los hijos tienen necesidades emocionales durante toda su vida, es necesario precisar que para algunas de ellas hay un periodo determinado parecido a una "ventana abierta", un momento en el cual el niño está neurológicamente maduro y listo para recibir cierto tipo de aprendizaje y experiencia, favoreciendo su desarrollo positivo, o bien, interfiriendo éste si hay carencia. Queda más gráfico este concepto si pensamos, por ejemplo, en la sugerencia, avalada por algunos estudios, de que los niños aprenderán más fácilmente un segundo o tercer idioma, si son expuestos a esos sonidos, canciones, charlas, antes de los 4 años. Esto no quiere decir, que si no reciben esta estimulación especial, no podrán aprender otro idioma, pero sí significa que si reciben estas experiencias a la edad adecuada, les será más fácil aprenderlo y su pronunciación será mejor.

Del mismo modo, podemos encontrar que en ciertos momentos del desarrollo psicológico y social, el niño está más listo o es más sensible a cierta clase de experiencias. De esta forma, hay un momento de "ventana abierta" para aprender a resolver conflictos relacionales, para incorporar lenguaje emocional, para aprender a calmarse, para desarrollar el sentido de competencia y capacidad, para construir una sana imagen de uno mismo, etc. Para cada proceso o logro habrá un momento mejor, en el que el hijo es más sensible y le es más fácil incorporar ese aprendizaje o capacidad.

De esto se desprende la importancia de comprender las características del desarrollo de los hijos y las necesidades específicas que conviene atender en cada momento de sus vidas.

Los padres informados y "aplicados" no dejan pasar esos momentos de tanta riqueza. Dios no quiere que ni uno se pierda, y sus experiencias relacionales y emocionales serán la base para llegar a conocer y sujetarse al Padre. Su sustrato emocional hará la base de una relación de confianza o desconfianza, de seguridad o inseguridad, de sentirse amado o rechazado, de saberse valioso o insignificante, de dejarse gobernar o ser rebelde, de buscar a Dios en los momentos difíciles o aislarse, de tomar su mano a ciegas o elegir un camino propio con mayor control.

Cada etapa en la vida de tus hijos será un nuevo y gran desafío; pero si sabes lo que ellos necesitan en cada una de éstas, tendrás más posibilidades de enfocarte y dar prioridad a lo esencial. Quiero ayudarte a tomar conciencia de que todo lo que hagas o dejes de hacer impacta la vida de tus hijos.

En este capítulo, analizaré las características particulares de cada etapa del desarrollo y, en el siguiente, las necesidades emocionales que tienen los hijos en dichos periodos.

1. Gestación

Durante el embarazo, el bebé se va gestando dentro del útero de su madre. Se denomina etapa prenatal y se inicia con la concepción, prolongándose hasta el nacimiento. Desde ese primer momento en que se inicia el desarrollo de un ser humano particular, con su información genética específica, se van sucediendo una serie de cambios estructurales y de crecimiento que van permitiendo la madurez biológica necesaria para nacer en las condiciones ideales. A los 25 días comienza a latir el corazón y a la cuarta semana se cierra el tubo neural que dará lugar al cerebro y médula espinal. El registro de actividad cerebral da cuenta del desarrollo psíquico en un sistema nervioso que va ganando relevancia conforme avanza el desarrollo fetal.

El nuevo ser humano en formación es una unidad biológica completa, pero depende de su entorno (la madre y su bienestar) para alcanzar su óptimo crecimiento. Madre e hijo se comunican, se alinean y sincronizan en múltiples aspectos. El cerebro de ambos sufre cambios a nivel estructural, hormonal y fisiológico. El hijo se alimenta de lo que su madre come y bebe, y al cuarto mes ya puede distinguir sabores. Consigue oxígeno del mismo aire que ella respira y en la duodécima semana ya puede percibir todo tipo de olores. Es sensible a la luz del lugar donde la madre se encuentra y al octavo mes sus pupilas se contraen y dilatan a modo de respuesta. Siente las caricias de su madre porque, hacia la mitad del embarazo, toda su piel es completamente sensible al tacto, a los puntos de presión y de temperatura. Desde la semana decimosexta, incluso antes que el oído esté completamente formado, ya puede percibir sonidos internos de la madre o sonidos ambientales y reconoce las voces familiares, demostrando cambios en su ritmo cardíaco y la frecuencia de sus movimientos corporales. Es evidente la conexión directa entre la madre, su ambiente y el bebé en gestación.

Las experiencias emocionales de estrés de la madre y deficiencias en su dieta, pueden tener efectos a corto y largo plazo en el desarrollo del cerebro de los bebés. También hay evidencia de una significativa relación entre el estado emocional de la madre y el hijo en su vientre. Los fetos a partir del cuarto mes, muestran respuestas emocionales muy parecidas a las de un bebé recién nacido. Las oscilaciones emocionales de la madre producen cambios hormonales a nivel sanguíneo y desde los seis meses se observan claras respuestas derivadas de los cambios de humor materno. Cuando la madre está triste, su cuerpo experimenta dolor emocional y su hijo puede percibirlo; cuando la madre está feliz y tranquila, su hijo de igual modo se sentirá bien; si la madre se siente estresada, secreta cascadas de cortisol que también activan el sistema de alerta del bebé y si el estrés es sostenido, a largo plazo puede alterar el sistema inmunológico e impactar negativamente su salud.

En mi experiencia clínica he podido observar cómo vivencias afectivas de la madre influyen de algún modo en la vida adulta de sus hijos. Como si el bebé en gestación tuviera memoria, puede afectarse con el rechazo y la depresión de la madre. He observado rechazo de sí mismos y deseos recurrentes de morir en pacientes que experimentaron el deseo de sus madres de abortarlos y mayor fragilidad psicológica en pacientes cuyas madres experimentaron depresión. Otros colegas comparten experiencias clínicas similares que parecen aportar evidencia contundente de una especie de memoria emocional temprana que, aunque no queda registrada a un nivel consciente para la persona, revela patrones comunes al explorar los datos históricos.

Durante el sexto mes de gestación de nuestra segunda hija, fui operada de apendicitis. Una cirugía tan seria, invasiva y de urgencia, con riesgo para ambas, no pudo evitar quedar registrada en la mente de mi hija. Pienso que, con seguridad, mi dolor físico antes y después de la cirugía, además de mi tensión emocional por el evento y por el cuidado de nuestra pequeña hija mayor, estando además solos en un país extranjero, fueron eventos difíciles en extremo para mí y la hija que anidaba en mi vientre. Me surge la idea, aunque sin comprobación científica, de que sus experiencias antes de nacer pudieran estar relacionadas con su excesiva preocupación por la salud —que a veces deslinda con la hipocondría— y su reciente diagnóstico de "jaqueca vestibular", sin antecedentes hereditarios. Puedo imaginar su sentimiento de amenaza cuando cortaban mi vientre y las capas interiores hasta casi llegar a ella, la intensidad de la luz del pabellón, los ruidos estresantes y los movimientos de la placenta mientras buscaban el apéndice a extirpar. También puedo imaginar que su cerebro experimentó un estado de hiperestimulación y sobrecarga más allá de los recursos con que contaba para manejarlo y que ese aprendizaje la afecta hoy cuando su cerebro se sobrecarga, en especial por movimientos y cambios de posición, generándole síntomas de mareo e hipersensibilidad a la luz y a los ruidos, que derivan en fuertes dolores de cabeza.

Aunque no hay modo de comprobar esta hipótesis, pueden observarse relaciones que al menos, para mí, invitan a reflexionar. Para favorecer el bienestar de los hijos en gestación, es muy importante priorizar el bienestar físico y emocional de las madres mientras acunan a sus bebés en sus vientres.

2. Lactancia

Esta etapa va desde ese milagroso momento del nacimiento hasta los 2 años de vida. Con el nombre de este periodo no aludo al amamantamiento en sí mismo, sino a la etapa en que un hijo parece aún más un bebé que un niñito.

En este periodo los cambios se suceden rápido. La actividad cerebral de los bebés entre su nacimiento y los 2 años es intensa. Se hace evidente que avanza y cada día parece adquirir nuevas destrezas motrices y comunicativas. En este periodo aprende a sonreír, a comer, a hacer pinzas con sus dedos, a gatear, a caminar, encajar y manipular objetos, etc. La activación central del sentido del gusto lo lleva a meterse todo a la boca y su curiosidad por conocer cada cosa lo mueve a explorarlo todo.

Todo se inicia con el nacimiento. Dios ha diseñado una manera perfecta de llegar al mundo: el parto como un proceso fisiológico dinámico. Él ha planeado que sea empujado y expulsado a la vida desde el cuerpo materno y que se desconecte del cordón que los une para conectarlo al amor directo, piel a piel, a través de su abrazo. En condiciones ideales, el parto vincula a madre e hijo de una manera permanente en una relación sin precedentes. El recién nacido viene capacitado para agarrar el pezón y succionar la leche, y el cuerpo de ella viene preparado para adaptarse a sus requerimientos ajustando la producción del alimento. Ella regula la temperatura del lactante y los latidos de su corazón lo calman. Una sincronía perfecta, un plan de amor entregado a través de una relación.

Así como la cercanía con la madre regula y beneficia al bebé en lo físico, su cercanía emocional y sus cuidados constantes van configurando la unidad diádica madre-bebé, relevante para el desarrollo psíquico normal, en el cual el bebé se siente uno solo con su madre. El recién nacido no sabe aún dónde termina él y empieza ella, quién es él y quién es ella: para él, ambos son una unidad. Esta dependencia natural hace a su vez más firme y necesario el vínculo.

No siempre, sin embargo, es fácil para la madre tolerar esta necesaria dependencia. Variados estudios han demostrado que mientras ella mejor tolera y permite esta dependencia natural, más independiente será el niño cuando llegue el momento de desarrollo propicio para serlo. Ésta es una etapa normal de dependencia, por lo que apurar a los bebés atenta contra su proceso de desarrollo óptimo.

Un clásico ejemplo de intento de apurar al infante es llevar a cabo cuanto consejo se recomienda para que éste duerma toda la noche y la mamá pueda descansar mejor. En realidad, ellos tienen ciclos cortos de sueño intercalados con momentos para establecer contacto con su madre y para alimentarse, y recién entre los 3 y 9 meses van consolidando la capacidad de diferenciar el día de la noche y de prescindir del alimento nocturno. Este dato se hace relevante para ajustar las expectativas equivocadas de los padres acerca de que su bebé deba dormir de corrido toda la noche.

Cuando recién ha nacido se ve frágil, necesitado y despierta una incomprensible ternura que mueve a cuidarlo y asistirlo. No obstante, aunque es por completo desvalido para autoabastecerse y depende absolutamente de su cuidador para ser regulado, alimentado, aseado, abrigado y amado, viene equipado con una natural destreza para interactuar con otros seres humanos, comunicando sus necesidades, primero a través del llanto y también con expresiones y movimientos. Pronto logra fijar la mirada y luego aprende a sonreír de forma no refleja, sino en respuesta a la sonrisa de otro ser humano.

Posee ciertas características biológicas que son particulares para cada niño, como su grado de sensibilidad a los estímulos, su tolerancia al malestar y la intensidad de sus respuestas. Pero será sólo una débil pauta, por cuanto, al pasar los días, sus necesidades y la forma en que las comunica, sus características biológicas y la manera en que su entorno y las personas que lo cuidan interactúen con él y respondan o no a sus necesidades, irán modelando su personalidad y sus pautas relacionales más estables.

El recién nacido nace capacitado no sólo para relacionarse, sino además para guardar en su memoria estas pautas relacionales a modo de un complejo aprendizaje. Se inclina a buscar regulación, protección y seguridad en los adultos significativos que lo cuidan y prontamente aprende a establecer confianza o desconfianza. Cuando un bebé experimenta una necesidad o se siente amenazado, su organismo se dispone fisiológicamente a enfrentar el estrés. Pero un menor de 2 años (incluso hasta los 5 años) necesita ayuda para retornar a la calma. Concretamente, necesita ser calmado y que se cubra la necesidad que presenta. Felipe Lecannelier y su equipo de investigación en el Centro de Apego y Regulación Emocional (CARE) de la Facultad de Psicología de la Universidad del Desarrollo de Santiago de Chile, sostienen que algunas pautas de crianza usadas por algunos padres no facilitan esta regulación, sino que aumentan los niveles de estrés en el niño, pudiendo afectar su salud física y psicológica. Por ejemplo, dejarlos llorar para que no "manipulen", evitar tomarlos en brazos para que no se acostumbren, entre otras.

La importancia básica de los 2 primeros años, radica en la manera en que ese pequeño aprenderá a "leer" al mundo y a los otros seres humanos. Usando como ejemplo el tema de la alimentación, podemos graficar que si repetidas veces tiene hambre y debe esperar para que lo alimenten o recibe una atención diferente, aprenderá que el mundo no es bueno ni bondadoso con él y que las personas no pueden captar lo que él realmente necesita. Siguiendo con el mismo ejemplo, si en repetidas ocasiones tiene hambre y a veces recibe el alimento rápido pero otras se tarda, aprenderá que el mundo es impredecible y que las personas no son confiables. Si en cambio, de manera recurrente, cuando tiene hambre, viene alguien y lo alimenta, aprenderá que el mundo lo provee de cosas buenas, tendrá esperanza y sabrá que es posible contar con alguien sensible que capte lo que necesita, aprendiendo a confiar.

Esta forma de leer el mundo y a los otros seres humanos nos vincula con el término tan actual de "apego", sin duda de gran relevancia, porque contundentes estudios longitudinales (estudios a través de la vida de los mismos niños durante un largo periodo de tiempo) han demostrado la gran influencia de los patrones de relación, establecidos con las figuras cercanas en la vida de un lactante, sobre las maneras en que se establecen relaciones cercanas con otros en la vida adulta, e incluso en la elección de pareja.

Otra característica relevante de los bebés en esta etapa, que también se desprende de su cualidad de "ser social", es que son sensibles a los estados emocionales de sus cuidadores y tienen la capacidad de resonar con ellos. Esto quiere decir que, de algún modo, los bebés llegan a captar los sentimientos de sus padres, y en especial de su madre, y responden a sus estados emocionales, ya sea "cooperando o ayudando", o bien, afectándose con la misma emoción. En el caso de emociones placenteras como alegría, risa, calma y satisfacción, se trasmite al bebé una sensación igualmente positiva. En el caso de las emociones no placenteras, como mal humor, frustración, angustia, enojo o ira, cansancio, desesperanza u otra, el bebé hará intentos claros de ayudar a su cuidador a sentirse mejor. Estudios registrados en videos —del tipo "El juego del rostro inmóvil" de Edward Tronick— de interacciones madre-bebé, muestran claros intentos de éste por sonreír, hablar (a su modo) y llamar la atención de su madre, simuladamente deprimida, gritando o incluso llorando. Si no consigue "componer" al otro, se empieza a sentir abrumado y progresivamente mal, se retrae y se decae. Incluso se han descrito depresiones infantiles en bebés de madres deprimidas.

Nuestra primera hija nació en Ecuador, donde llegué con seis meses de embarazo, tiempo después que mi esposo. Aunque nos acogió un país maravilloso, mi condición de "embarazada recién llegada" me dificultó mucho la adaptación. Mi esposo se iba a trabajar y yo no me atrevía a salir, de modo que estaba sola y encerrada gran parte del día. Siguió la misma situación después de nacida nuestra pequeña. La cuidaba todo el día y me sentía agotada porque ella lloraba mucho por supuestos "cólicos". Ahora pienso que era su malestar por mi propio malestar. Cuando llegaba mi esposo a casa, se la "daba" para descansar. Pero cuando él viajaba y no contaba con su ayuda nocturna, me sentía más agobiada. Ahora comprendo que mi estado emocional no era favorable: mi descontento y frustración se lo traspasaba a mi pequeña, la que captaba mi tensión y me respondía con su propio malestar, entrando en circuitos de llanto de ella y desesperación mía, nada favorables. A sus tres meses, viajé con ella a Chile para que la conociera la familia y fue un tiempo de mucha presión social y variaciones en las rutinas, nada propicio en una etapa tan delicada, donde más bien necesitábamos tranquilidad y estabilidad. Tanto cambio nos afectó a las dos. Para empeorar todo, ya de regreso en nuestra casa, cuando nuestra hijita tenía siete meses, me comunicaron del fallecimiento de mi abuelita en Chile. Ella era como una verdadera madre para mí y su muerte me afectó muchísimo.

Mirando en retrospectiva, mi duelo, el normal ensimismamiento, tristeza y apatía que sentía, no me dejaron atender a mi pequeña como ella lo necesitaba en ese periodo, en que ya estaba intentando pararse y caminar. Lamentablemente no estaba tan disponible en lo emocional, no podía captar bien sus necesidades, no tenía a veces la energía para atenderla y jugar como ella requería. Me escapaba emprendiendo proyectos de estudio y trabajo para pasar mi dolor. Sé que le fallé, aunque no cargo con la culpa, porque Dios ya sanó esa área. Sé que hice lo que pude con lo que tenía. No dudo que hubiera sido otro el proceso si hubiera conocido al Padre que hoy conozco y si hubiera tenido los conocimientos y las redes de amigas con que hoy cuento. Pero en esa etapa y con lo que yo tenía, no pude evitar afectar a mi hija. Sé que ella quedó con la sensación de que no la ayudo cuando más lo necesita o del modo que lo necesita, porque ese sentimiento ha reaparecido en ella durante diferentes momentos dolorosos en su crecimiento y yo sé que viene de su primer año de vida. También sé que ella lo vive así, aunque en esa nueva circunstancia no sea el hecho real, porque se revive en lo profundo de su ser un circuito emocional que ya quedó establecido. Pero Dios es bueno también para sanar a nuestros hijos: ella ha madurado y ha sido sanada al conocer el amor de Dios. Aunque llegue a sentirse sola y desatendida, el Padre que ella conoce, suple todas sus carencias. Ahora, a sus 23 años y de novia, está lista para casarse y formar una relación sólida basada en el amor profundo y restaurado por Dios en su vida.

Recalcando la idea, esta etapa de la vida de un hijo es realmente importante y puede calar hondo en su estabilidad y las relaciones que establecen. Sin embargo, ni ésta ni ninguna otra etapa escapan al poder sanador del Padre.

3. Infancia temprana

Este periodo abarca desde los 2 hasta los 5 años de edad; no obstante, algunos niños demuestran algunas de las características que describiré, un poco antes de cumplir los 2 años. A esta edad ya caminan, exploran activamente, imitan a los adultos y han mejorado su lenguaje, en especial el comprensivo, por lo que se hace evidente que primero entienden más de lo que pueden comunicar verbalmente. Se ven más autónomos y demuestran más intencionalidad y decisión en sus acciones. Esto suele inducir a los padres a creer que "ya están grandes", cuando en realidad son aún pequeños en muchos sentidos.

Una característica central de esta etapa es el primer intento evolutivo de separarse de sus padres y formarse como un individuo diferente. Esto se observa en su insistencia por hacer cosas sin ayuda, su mayor sentido de sí mismo (gustos e intereses propios), su interés por cuidar o defender su territorio y propiedad y, sobre todo, su negatividad e inclinación a decir que no a cualquier orden o mandato de los padres. A simple vista, parecen haberse convertido en niños posesivos, egoístas y desobedientes, podríamos decir que son como adolescentes en miniatura. Sin embargo, estas características se enmarcan dentro de un momento específico del desarrollo en que necesitan reafirmarse y diferenciarse de los demás, demostrando que son personas distintas. Las expresiones desafiantes suelen tener su apogeo alrededor de los 4 años y tienden a desaparecer al finalizar los 5 años, solamente quedando, para algunos niños, ciertas características propias que serán parte de su personalidad. Este paso a la separación e individuación se vuelve a repetir de un modo más profundo y definitivo en la adolescencia.

En este punto del desarrollo, los niños han alcanzado algunas capacidades intelectuales que les "abren el mundo" y los mueven a investigar con mayor esmero: tienen mejor capacidad para establecer relaciones de causa y efecto, recuerdan mejor y pueden proponerse objetivos con la intención clara de buscar resultados específicos. Buscan probar no sólo el mundo, sino probar también a las personas. Los padres pueden interpretar que los quieren molestar al tirar una y otra vez un juguete para que ellos lo recojan; pero a decir verdad, están explorando no sólo la caída de los objetos, sino cómo reaccionan los adultos ante sus comportamientos, como una forma de establecer conexiones con sentido en el mundo que descubren.

Aunque suelen saber con determinación lo que quieren, no siempre logran alcanzar sus propósitos, porque las otras capacidades, necesarias para alcanzarlos, suelen quedar menos desarrolladas. Por ejemplo, su capacidad motriz no los acompañará fallando en muchos de sus intentos de hacer algo por sí mismos, como encajar una pieza en un molde, ponerse los zapatos o llevar un vaso de agua sin derramar. Tampoco han alcanzado las habilidades sociales que les permitan "convencer" de buena manera para que les den lo que quieren de la forma que quieren (por ejemplo, comer el helado en vez de la manzana o que esta vez lo lleves en brazos al parque en vez de ir caminando). Carecen también de manejo emocional como para tolerar algo que los frustra o calmarse solos con pensamientos positivos o alentadores, como lo podrían hacer los niños más grandes o los adultos. No cuentan con un rico lenguaje emocional que les permita aclarar lo que quieren, sienten o piensan. Puede que te desobedezcan o desafíen, pero difícilmente podrán explicarte lo que quieren y por qué lo quieren.

La adquisición de un lenguaje enriquecido que les permita pensar, procesar y comunicarse con claridad es un proceso que les lleva toda esta etapa. Al comienzo, su lenguaje expresivo no les permite comunicar lo que han logrado identificar que quieren. Pero además, asumen que los comprendes, aunque la información solamente se encuentra en sus cabezas. Si lo que pensaron no resultó como esperaban, les invade la frustración y se enfurecen. Por ejemplo, tu hijito de 3 años te ve aparecer con su leche en el jarrito azul y para ti, extrañamente, se larga a llorar sin saber poder explicarte que llora porque quería la leche en su jarro rojo.

La frustración y el enojo son los sentimientos recurrentes en esta etapa. Pero a esta edad, tampoco han adquirido las destrezas necesarias para lidiar con las emociones no placenteras, tales como concentrarse en otra cosa o compensar con pensamientos de calma, ánimo o esperanza, como lo hacemos los adultos. Esta condición de alta frustración y poca capacidad de autorregulación los lleva a la aparición de las llamadas rabietas o pataletas, que no son más que un episodio en el cual la intensidad de sus emociones no placenteras superara su capacidad para tolerarlas. Las rabietas no son algo que el niño "le hace" a sus padres para molestarlos, llamar su atención o ganarles el gallito; sino que son "algo que sucede dentro del niño" que encuentra este cauce natural de expresión.

Los padres observan que cuando sus hijos hacen una rabieta, parecen buscarlos con la mirada y "llorar más fuerte" en su presencia. Efectivamente, los niños buscan la atención de los padres cuando están desregulados haciendo una rabieta; pero no es para convencerlos ni molestarlos como ellos tienden a suponer, sino para obtener su compasión y ayuda. En esta etapa, el infante depende de la asistencia de sus padres porque no sabe aún cómo calmarse, cómo confortarse a sí mismo, ni sabe distraerse o decirse algo que lo haga sentir mejor. Estas son habilidades que requieren una madurez emocional que le llevará varios años adquirir.

En este sentido, las tareas del desarrollo que deben alcanzar en este periodo son: fortalecer su capacidad de tolerar mayores niveles de frustración, desarrollar un lenguaje emocional (palabras que describan emociones, necesidades y motivaciones) lo más cuantioso posible y aprender a autorregularse (calmarse a sí mismos). Para estas tres tareas, necesitan de la ayuda específica de sus padres para modelar en ellos la habilidad de calmarse y ayudarlos a conectar la emoción que sienten en el cuerpo con las emociones y motivos que las causan, dando piso al procesamiento y la reflexión. De no contar con un entrenamiento adecuado, pueden generarse secuelas emocionales que llegan a la vida adulta, como tener dificultad para identificar lo que les pasa y los motivos que causan esas emociones, tolerar menos la adversidad y la frustración que esto conlleva y contar con menos recursos para calmarse cuando sus emociones se disparen.

Recuerdo con mucha claridad la primera pataleta que tuve que enfrentar como mamá. Fue con nuestra hija mayor, justo en una tienda de vestuario muy grande. Ella tirada en el piso llorando y pataleando por algo que no había salido como ella quería. En la universidad y desde un enfoque netamente conductista, me habían enseñado que la pataleta se extinguía si el adulto no hacía nada y esperaba que el niño se calmara; porque, de acercarse a consolarlos, retarlos o darles lo que querían, se les daba atención y con eso se reforzaba la pataleta haciendo más probable que se repitiera. Con esa instrucción y anhelando ser una buena psicóloga y madre, soporté estoicamente los llantos y gritos de mi hija, frente a las miradas de los clientes de la tienda, que seguro pensaban: "¿Por qué no hace nada esa señora?". Efectivamente, como lo decía la teoría, las pataletas no duraron mucho porque ella notó que no lograba conseguir "algo". Lo que yo no supe entonces y te quiero compartir, es que no se trata de aplicar el mejor método para extinguir una rabieta, sino de entender que todo se trata de relaciones y que siempre, lo más importante para Dios, en todo orden de cosas —ésta incluida— es cuidar las relaciones. Efectivamente ella no conseguía ese "algo" que quería, pero tampoco conseguía algo que necesitada: mi ayuda. Por eso, la secuela insospechada fue una prueba más para ella de que yo no la ayudaba cuando lo requería. Definitivamente, con los primeros hijos, uno se equivoca más.

Muchos años después, con nuestro tercer hijo que es 16 años menor que la primera hija y 14 años menor que la segunda, mi conocimiento era otro. En mi magíster en Psicología Clínica había aprendido que los niños necesitaban el consuelo y ayuda de sus padres cuando sus emociones se disparaban al punto de rabietas. De este modo, cuando la clásica primera pataleta de mi hijo vino, yo estaba lista para mantener la calma y no enojarme con él, entendiendo que esto era algo de su propia inmadurez. Estaba preparada para calmarlo abrazándolo y confortándolo con arrumacos hasta que pasara su malestar. Después, estaba entrenada para ayudarlo a procesar lo vivido nombrando lo que sentía y lo que había generado su emoción. Mi nueva actitud era claramente más afectiva. Con este hijo, las pataletas también desaparecieron prontamente; pero aprendiendo que las emociones no agradables pasan, que tienen explicación, que no son malas ni peligrosas, que él se puede calmar y, algo aún más importante, aprendió que podía contar conmigo para ayudarlo cuando lo necesitara.

En mi experiencia clínica con padres, esta edad es la que más los moviliza a consultar. Se sienten superados con las rabietas, al no poder comprender lo "exageradas" de las respuestas de sus niños. Lo que más ayuda a cambiar su perspectiva y lograr que cambien sus actitudes de enojo es hacerlos recordar los llantos de cuando eran bebés. A ningún padre se le ocurre pensar que su bebé llora para molestarlo. Ellos saben que si ocurre, es porque algo le pasa. Bueno, esto no cambia con un hijo de entre 2 y 5 años. Se ve diferente porque es más grande pero, por dentro, es el mismo pequeño que necesita ayuda y consuelo.

En esta etapa de la vida de tus hijos, te juegas de nuevo el vínculo. Demuestras o no amor incondicional cuando decides mantenerte a su lado no sólo cuando es un niño risueño, obediente y cariñoso, sino también cuando expresa su peor versión. Si lo amas y quieres afirmar la relación, demuéstraselo permaneciendo cerca y tolerando sus expresiones de malestar precisamente cuando no es el niño adorable que anhelas.

4. Infancia intermedia y tardía

En general, esta etapa comprende entre los 6 años y hasta aproximadamente los 11 o 12, aunque puede subdividirse en infancia intermedia (6 a 9 años) y tardía (9 a 12 años).

En este periodo resalta en ellos una creciente autonomía e independencia. Desde que comienzan a asistir al primer año escolar y pasan más tiempo fuera de casa, tienen nuevas experiencias personales que quedan excluidas del monitoreo de los padres. Porque, siendo francos, aunque algunos niños asistan antes a jardín infantil o *playgroup* o al preescolar, los padres siguen muy de cerca sus procesos y habitualmente reciben bastante información de parte de sus educadores. Sin embargo, cuando entran en el sistema escolar primario, los docentes no informan detalles, ni los niños cuentan con pormenores lo que viven. En general, empiezan a tener un mundo propio, que cada vez es más privado. Los niños que no asisten al sistema de educación formal, lo muestran en una creciente independencia para estudiar, jugar y desarrollar proyectos personales, sin la guía de sus padres.

En esta edad los hijos pueden hacerse cargo de muchas circunstancias y situaciones, además realizan muchas tareas por sí mismos y por iniciativa propia: van a la cocina por una fruta o para prepararse alguna comida más sofisticada, toman su pelota para salir a jugar al patio y acomodan su dormitorio con espacios cómodos para ellos y lugares secretos para guardar cosas especiales. Dejan de pedir permiso o preguntar en relación a cosas cotidianas; se saben dueños de la casa y sienten poder de gestión. También son capaces de ocultar, encubrir y de mentir con plena conciencia.

Cuentan con mayores habilidades cognitivas que aumentan exponencialmente mientras van aprendiendo cosas nuevas a través de los procesos educativos propios de esta etapa. Son muy curiosos y tienen un notable interés por el mundo, que va más allá de explorarlo ya que ahora necesitan investigarlo: tienen hambre de conocimientos y de saber cómo funciona todo. En general, tienden a escudriñar de acuerdo a sus motivaciones personales, pero también son receptivos a nuevas propuestas de parte de los adultos, en especial, si se les entusiasma de manera activa e innovadora.

Son extremadamente laboriosos, es decir, capaces de trabajar con energía y perseverancia. Pueden planear y desarrollar sus propios proyectos, grandiosos y frecuentemente fantasiosos, guiados por sus intereses particulares. Algunos pueden invertir en esto mucho tiempo sin rendirse, como por ejemplo, haciendo un auto con cosas reciclables, una casita o club, un letrero para su cuarto, un huerto, etc.

En lo profundo, están siendo movidos por una inherente necesidad de probarse a ellos mismos que son capaces, que son competentes. Muchas cosas difíciles que hacen o la pasión con que quedan atrapados en los deportes competitivos y en los juegos de video, son movidas por su necesidad de progresar para llegar a ganar, lo que les demostraría que "pueden". Muchas veces, sus referentes son los adultos, especialmente la madre para las niñas y el padre para los niños. Se comparan con ellos y, a veces, omitiendo su menor edad, se sienten "menos" en belleza, fuerza, inteligencia o destreza. En esta etapa, es esencial el cuidado que los padres tengan para ser un buen referente, capaz de motivar a progresar sin caer en la necesidad personal de lucirse, destacar o siempre ganar. Esto será clave para no generar en sus hijos sentimientos de inseguridad o inferioridad.

Lo observan todo y tienden a imitar el comportamiento de sus padres, aunque aún sin cuestionamientos profundos. Simplemente, incorporan "su forma de ser", sin un sentido crítico que filtre. También imitan a otros adultos, a sus pares, a sus profesores, a los personajes de la televisión, de los videojuegos o de cualquier ambiente que los rodea. Están observando para "tomar" aspectos de otros a fin de ir definiéndose ellos mismos. Aunque esto se redefinirá en la adolescencia, en este periodo, determinan ideas generales de sí mismos, que les dan un piso —de seguridad o no— frente a los desafíos que les toca vivir.

Suelen tener interés en pasar tiempo con otros niños y es común que privilegien a los amigos de su mismo sexo, a veces, incluso, haciendo rígidos sistemas de clubes de chicos y chicas. Son más amistosos y van avanzando hacia el desarrollo de relaciones más cercanas con algunos amigos específicos que sienten afines. Principalmente las niñas, suelen hablar de "su mejor amiga" y prefieren pasar tiempo con ella. Son más expresivos y capaces de comunicar sus ideas y emociones. Comienzan a desarrollar juegos de reglas, en los que entrenan la capacidad de ponerse de acuerdo, ejercitando toda clase de habilidades sociales, como el liderazgo, la asertividad, la empatía, el trabajo colaborativo, etc. Se remarca en ellos un fuerte sentido de la moral y la justicia, lo que facilita que sus relaciones sociales progresen y se estabilicen.

Su tarea evolutiva central es desarrollar el sentido de competencia e iniciar un sano concepto de sí mismos. En este proceso, son especial y peligrosamente receptivos, captando bien lo que los adultos piensan y sienten respecto a ellos. Tienden a observarse a sí mismos en relación con otros. Es así como se comparan con sus hermanos, amigos y pares del colegio. Todas las ideas que ellos se hagan sobre sí mismos por observación o que escuchen de los adultos significativos, van quedando registradas como verdaderas etiquetas que los acompañarán por muchos años en una mochila invisible, que pesa más mientras más negativas sean las etiquetas que guarden. Cada comentario, apodo o crítica escuchada es creída por ellos sin cuestionamientos. Por eso, un niño que escucha que es flojo, irresponsable, lento, pesado, enojón, egoísta o cualquier otra calificación negativa, pensará efectivamente que lo es, hasta que la vida le demuestre lo contrario. Como eso a menudo no sucede, llegan a ser adultos que siguen creyendo lo que de niños escucharon sobre ellos y se comportan conforme a eso.

En psicología hay un concepto que describe este fenómeno. Se llama "profecía autocumplida". Lo quiero explicar con el siguiente ejemplo: un padre tiene la expectativa de que su hijo por nacer, ame el fútbol tanto como él. Lo imagina acompañándolo al estadio, jugando en la plaza y conversando de sus equipos favoritos. Cuando ya da sus primeros pasitos le regala una pelota y observa extasiado cómo la pateará. Su niño da una patada chueca y al padre se le cruza en la mente el pensamiento: "Que lástima, no salió bueno para el fútbol como yo". Sin advertirlo, por un mecanismo inconsciente, movido por su desilusión y para evitar mayor dolor, deja de animarlo con la pelota, no le enseña y no practica con él con el mismo entusiasmo, no le toma clases de fútbol y no lo lleva al estadio. Sin todas estas experiencias, el hijo no desarrolla su potencial futbolístico y no llega a ser el compañero que su padre añoraba. Aunque parezca exagerado, este mecanismo sutil es más corriente de lo que uno cree.

El proceso contrario también ha sido demostrado. Robert T. Kiyosaki, empresario y autor hawaiano, me recordó en su libro *Niño Rico Niño Listo*, un experimento clásico que había escuchado en la universidad, que demuestra que los niños responden a las expectativas que sus profesores construyen con la información que reciben acerca de sus alumnos. En este experimento, se les dijo a los profesores que ellos habían sido elegidos por aptitudes docentes superiores y que estarían educando a niños dotados. Sin embargo, tanto ellos como sus alumnos habían sido seleccionados al azar. Lo que es sorprendente, es que los alumnos aprendieron como niños efectivamente dotados y que los profesores felicitaron a alumnos tan brillantes. Esto prueba que las expectativas afectan los resultados. Estos profesores trabajaron con excelencia, respondiendo a lo que se pensaba de ellos (que eran docentes destacados) y trataron a sus alumnos como niños especialmente capaces (dotados). Estos excelentes resultados se deben, principalmente, a que las personas se comportan de acuerdo a sus ideas preconcebidas, tanto acerca de otros como de ellos mismos. Si crees que alguien no puede, probablemente lo tratarás como si no pudiera y facilitarás que no pueda; y si crees que una persona puede, lo tratarás como si pudiera y facilitarás que sí pueda. El que cree que puede, más fácilmente puede; y el que cree que no puede, suele no poder.

Cuando tenía 11 años, me debí cambiar desde un colegio privado a un colegio público. Pasaba a séptimo básico con un promedio de 5,8 (en escala chilena de 1 al 7). Cuando conocí a mis nuevos compañeros, una vez me preguntaron qué promedio traía y yo, supongo que por vergüenza, mentí descaradamente respondiendo: "Un 6,5". Nunca imaginé que esa mentira tendría un efecto tan grande en mi vida. Mi respuesta llevó a que mis compañeras me tuvieran estima, me preguntaban por las clases, pedían mis apuntes y mis tareas. La manera en que me veían, inconscientemente, me llevó a responder a sus expectativas y fui una buena alumna, con promedios siempre sobre 6,2 hasta salir del colegio. Obviamente, no estoy recomendando la mentira, sino tratando de fundamentar de qué modo las propias expectativas y las de otros movilizan los comportamientos. En mi caso, esa mentira, cambió la manera en que otros me vieron y cómo yo me veía a mí misma, y desplegó todo un potencial académico que, de otro modo, quizás hubiera permanecido encubierto.

Nuestro hijo menor está justamente atravesando este periodo. Tiene casi 8 años y yo puedo observar cómo cada cosa que decide hacer tiene un sentido de prueba personal. Cuando pequeño, tuvo algunas dificultades con la integración sensorial, de modo que algunas actividades, especialmente las de motricidad gruesa, no fueron su fuerte por muchos años. Aunque todo está superado, se quedó con ese sentido de inseguridad que lo lleva a preferir emprender desafíos que sí se siente seguro de lograr, como las áreas intelectuales en las que sobresale su capacidad. Pero tiende a dejar de lado todas las actividades que él ya ha definido "que no hace bien". Esto lo mantiene en su zona de seguridad y le impide desarrollar sentido de capacidad en nuevas áreas. Es todo un desafío para nosotros motivarlo a nuevas actividades físicas y cada pequeño logro es un real gozo. Tuve que desplegar mis mejores recursos para que permaneciera un semestre completo en clases de básquetbol: ofrecerle clase de prueba, suplicarle una segunda clase de prueba, decirle que cada día sin presionarlo le preguntaría si deseaba ir mientras oraba que dijera que sí, recogerlo del colegio con una sonrisa y frutas ricas para que estuviera de buen humor y quisiera ir, decirle que llegáramos antes para practicar con él, quedarme con él las dos horas muerta de frío (varios padres sólo dejan a los niños y regresan a recogerlos), hacerle barra y animarlo hasta con aplausos (la única mamá presente que aplaudía), reconocer cada uno de sus logros y avances en cada descanso y, al final de la clase, contarle al resto de la familia cómo fue la clase y lo orgullosa que estoy. Hoy puedo decir que me siento como un inflado pavo real, realmente orgullosa de haberlo visto correr, estar concentrado e interesado, dominar mejor la pelota y hasta encestar. No puedo describir la emoción que siento. Orgullo fluyendo por mis poros. No por el logro de "hacerlo mejor", sino por el increíble triunfo de salir de su zona de seguridad con valentía. Ése es el verdadero éxito, porque yo sé que le enseña algo sumamente valioso acerca de sí mismo ("puedo vencer obstáculos, puedo lograr desafíos nuevos que creía que no podía"). Adicionalmente, con el tiempo, lo aprendido le ha dado seguridad para enfrentar positivamente nuevas situaciones sociales.

A veces nuestros hijos no pueden prosperar sin nuestro apoyo y Dios nos pone en medio para ayudarlos a avanzar mejor y llegar más lejos. En esta etapa, te juegas la posibilidad de que tus hijos desarrollen una idea positiva de sí mismos y un sano sentido de competencia y capacidad. Es el momento para afirmar su confianza y seguridad. Todo lo que digas y hagas será relevante en este proceso.

5. Adolescencia

La adolescencia se inicia alrededor de los 11 o 12 años con la pubertad y su finalización varía de acuerdo a los criterios que se recalquen. Ésta abarca una serie de cambios muy trascendentales a nivel biológico, psicológico, sexual y social. Para efectos de este libro, me suscribo al criterio de darla por finalizada cuando se alcanza la independencia total, en el sentido pleno de gestionar la propia vida.

Esta primera fase denominada pubertad, está marcada por la serie de sucesos que despiertan la capacidad reproductiva. A la par de esta serie increíble de cambios hormonales y físicos, se viene una avalancha de cambios en su psiquis. Alcanzar la madurez sexual impacta y reorganiza la percepción de los jóvenes sobre sí mismos. Sus cuerpos comienzan a funcionar como los de los adultos y esto conlleva ajustes. Desde lo más sutil como la estatura y manera en que manejan sus extremidades, que ahora son más largas, hasta asumirse biológicamente capaces de reproducirse. Éste no es un cambio fácil de asumir, aunque para los jóvenes de hoy puede pasar algo inadvertido, porque el descubrimiento de los métodos de anticoncepción ha desvinculado la madurez reproductiva con la posibilidad real de ser padres. Pero si inician su vida sexual, puede rondarles el temor a un embarazo, porque saben con certeza que no se sienten listos psicológica y económicamente para asumir la paternidad.

Aunque el cerebro alcanza su tamaño máximo a los 12 años, sigue el proceso de reconexión sináptica aceleradamente durante los años siguientes. Este es el último salto madurativo del cerebro y oportunidad de reacomodo del cableado que traía para funcionar con el potencial cerebral completo. Su cambio no es sólo anatómico, sino que también su funcionamiento cambia, mejora la relación entre distintas zonas del cerebro y, por tanto, favorece el manejo de la información entre éstas. Desde esa edad y hasta aproximadamente los 24 años o incluso más, se lleva a cabo esta reorganización cerebral y el proceso de redefinición y fortalecimiento de la propia identidad.

Estudios recientes afirman que el cerebro alcanza su plena madurez recién a los 24 o 25 años. La reconocida neurocientífica Sarah-Jayne Blakemore ha aseverado en sus conferencias que la última zona del cerebro que se desarrolla es la zona prefrontal, que regula las funciones ejecutivas. Estas funciones superiores, como la planificación, toma de decisiones, inhibición de comportamientos inapropiados, el entendimiento de otras personas y la autoconsciencia, son altamente complejas y permiten la regulación de la conducta y la actividad emocional y cognitiva.

Tristemente, muchas de las cosas que los padres esperan de sus hijos a esta edad no se condicen realmente con sus posibilidades biológicas. Esto lleva a muchos desencuentros.

Por un lado, los padres se molestan con la irracionalidad y oscilación emocional de sus adolescentes y, por otro, éstos se sienten profundamente incomprendidos y solos. Los cambios hormonales, la renuncia al mundo infantil con sus beneficios y la demanda de adaptación al mundo adulto suelen traer mucha inestabilidad e inseguridad. Probablemente, sea el momento de mayor vulnerabilidad de la vida entera.

La pregunta central es cómo se observa esta avalancha hormonal, y la aún incompleta madurez cerebral, en su conducta y vida práctica. Primeramente, puedo describir que experimentan mares de emociones, de altos y bajos, olas y revueltas que son difíciles de regular. En segundo lugar, presentan una mente en ebullición que es acosada con preguntas sobre sí mismos y los demás, sobre el mundo y el futuro, y que muchas veces no encuentra contestaciones o que se contradice en ellas. En tercer lugar, presentan conductas impulsivas que no responden necesariamente a lo que desean o a lo que corresponde para la situación y que, muchas veces, deriva en sentimientos de culpa o enojo consigo mismos. Suelen tomar malas decisiones, al dejarse llevar por recompensas rápidas o deseos momentáneos; pueden perderse del camino que anhelan sus padres y pueden, incluso, sufrir trastornos psicológicos o psiquiátricos.

En este escenario ya difícil, conviven otros tres aspectos propios de esta edad: las primeras pruebas de relaciones afectivas cercanas diferentes a las del núcleo familiar, la despedida de su infancia y la asimilación de su nueva y definitiva identidad, junto con su definición académico-profesional.

En esta etapa suelen darse las primeras experiencias de amistades muy cercanas y de pareja. Son normales los amores apasionados, las peleas, las idealizaciones y las desilusiones. No sólo están conociendo a otro ser humano, sino que se están conociendo a sí mismos en esos roles de amistad y pareja. Las relaciones amistosas de la etapa anterior eran prácticas y más simples; pero las relaciones de amistad o la vida de pareja en esta etapa son tremendamente complejas. Están llenas de expectativas y las viven con una capacidad diferente de introspección y análisis de sí mismos. Las experiencias traumáticas vividas en esta etapa, así como también las decisiones que tomen, pueden dejar secuelas y consecuencias mayores. Una jovencita desilusionada de una amiga que traiciona su confianza, por ejemplo, puede desarrollar murallas de protección que impidan la restitución de nuevas y sanas relaciones. Un joven dañado por una experiencia de *bullying* puede ser llevado a piso en su identidad, confianza y sentimiento de valor; y si además es frágil y siente que pierde algo esencial, como "su futuro" o su "imagen social", puede llegar a atentar contra su vida. Un adolescente que vive una mala experiencia en su primera relación sexual, puede quedar con un daño en su propia estima o un trauma que llegue a ser difícil de revertir. Por eso, esta etapa tan sensible, con una mente frágil y vulnerable, merece tanto cuidado y tanta comprensión.

En esta etapa experimentan un duelo, ya que abandonan el cuerpo y mente infantil para funcionar en un mundo adulto con mayores desafíos. Transitan un camino incierto entre ese "sí mismo" que dejan y el "sí mismo" que van a llegar a ser. Para hacerse de una identidad, deben renunciar a lo que traían como legado y, para renunciar al legado, deben destruir en la mente al padre y la madre reales. Este es el segundo y último intento de llegar a ser una persona diferente a sus progenitores. Para que suceda, debe haber un quiebre que se expresa habitualmente con una negativa directa hacia todo lo que representa a los padres. Esto puede ocurrir como un hito abrupto o un proceso gradual, puede ser breve o extendido en el tiempo y puede tener su auge en una edad diferente para cada hijo.

Usualmente, comienzan su definición de sí mismos por lo externo. Lo más probable es que, algunos años antes, ya elegían su ropa pero siempre intentando complacer a sus padres.

En cambio, ahora dejan de elegir —con toda intención— lo que éstos esperarían y prefieren imitar algo externo, ajeno y disímil a ellos, diferenciándose del hijo que los padres conocían y esperaban. Suelen adoptar a manera de prueba, distintas modas que observan en modelos externos. Ensayan hasta que sienten que encuentran una imagen que los identifica o un estilo que los representa. También suelen necesitar destruir las creencias e ideologías heredadas de sus padres. Por eso, en esta etapa, los padres observan cómo los hijos los cuestionan, los critican, los devalúan, los confrontan y toman distancia. Necesitan hacerlo para levantar nuevos aspectos de identidad que sientan únicos y propios. Con el tiempo "tomarán" también de ellos los aspectos que realmente los identifiquen.

En este periodo altamente reflexivo y de introspección, es normal observar cierto retraimiento o aislamiento. Muchas veces evaden momentos familiares para estar con "ellos mismos" o "en lo suyo". Se "pierden en la multitud sintiéndose libres" y privilegian los momentos íntimos con sus amigos, los que suelen convertirse —para bien o para mal— en los principales confidentes, guías y consejeros. Por esta razón, resulta fundamental la construcción de relaciones cercanas saludables con jóvenes de su edad.

Su distanciamiento de los padres y sus cambios internos, hacen que cobre mayor peso en ellos la necesidad de ser aprobados por sus pares para evitar la soledad y confusión. Hacen grandes esfuerzos por pertenecer y ser aceptados, aun transando sus propias creencias o necesidades. El gran valor que asignan a la opinión de otros acerca de ellos pone en jaque su verdadera identidad y su sentido de valor.

A mis 12 años, de manera espontánea, movida por algo superior a mí, por una convicción profunda de la existencia de Dios, le dije formalmente que le entregaba mi vida. Tiempo después, comencé a participar en grupos católicos pastorales, pero, al igual que la mayoría de los jóvenes asistentes, parecía buscar instancias sociales y amigos más que a Dios. Sé que en este tiempo la revelación que tenía de Dios era pobre y extravié el camino. Tomé malas decisiones, me expuse a peligros, me sentí sola y mucho más. Mi certeza es que Dios cubrió mis pasos y me protegió de males mayores. Su amor inconmensurable me llevó de vuelta a la casa de mi Padre. Sin embargo, analizando más esa fase, estoy segura de que me salvó adicionalmente algo que cultivó mi padre terrenal. Desde la etapa anterior, él se encargó de afirmar mi seguridad en muchos planos diferentes. No se cansaba de decirme que era bonita (aunque obviamente yo no me sentía así), que era inteligente y que era capaz. Mi padre me miraba con ojos de admiración, además de amor. Cuando fui más grande, me pedía que opinara sobre diversos asuntos y yo me sentía valorada. Todo lo que él sembró, dio fruto algún día. Creo que luché menos que otros adolescentes y adultos jóvenes con sentimientos de inseguridad y falta de valor. Cuando me equivocaba, tendía a pensar que eso no me definía (no era mi ser) y lo tomaba más como un error (algo que hacía). Por eso, no me quedo hundida en los pantanos de la culpa y tengo más fuerza para asumir mis responsabilidades, hacer cambios y reparar lo que he dañado.

En esta etapa de la vida, también se define el área de formación académica y la especialización en un oficio o profesión, se aprende a trabajar y se consolida la independencia. Es un periodo largo y, personalmente, pienso que el mejor criterio para definir el cierre del periodo de la adolescencia es el logro de la plena independencia personal y económica. En particular, porque este cambio de situación financiera y administrativa de la propia vida marca un cambio relevante y central que da paso a la etapa siguiente de la adultez. No obstante, se ha ido retardando en las últimas décadas tanto la certeza del camino escogido para generar recursos, como los plazos para transitarlo. Vemos con más frecuencia a jóvenes que se equivocan de camino, que prueban varios antes de sentirse seguros, que siguen estudiando o especializándose, por lo que demoran la partida de casa y el afrontamiento de su independencia total, quedándose en esta etapa y siendo autovalentes a medias, por más años.

Actualmente, como madre me encuentro lidiando con dos hijas en este proceso. Las dos son mayores, pero ninguna ha alcanzado su independencia económica total ni ha partido del nido. Por lo tanto, desde el criterio que menciono en este escrito, siguen siendo adolescentes.

Como he descrito, es un periodo que puede resultar largo y difícil en algunos momentos. Suele ser el segundo rango de edad de los hijos por el que consultan los padres. Recuerdo con mis dos hijas haber experimentado el mayor quiebre, la peor tensión y más abundantes peleas alrededor de sus 16 años. Criticaban todo de mí (y de su padre) y peleaban por cada límite establecido. Se veían clásicamente cambiantes en su humor, y así como algo podía contentarlas hasta el cielo, también algo podía enfadarlas hasta el odio mortal. Aunque no sea la misma edad para todos los hijos, habrá con seguridad un momento en el que te sientas desafiado y confrontado.

Suelo comentar a los papás que asesoro que me parece la etapa menos gratificante de la vida de padres. Porque cuando son pequeños, aun si los regañas, quieren darte pronto un abrazo o cuando tienes que mudarlos o limpiar su desastre, con una sonrisa te compran de inmediato. Un adolescente, en cambio, pide o exige y, después, te da un portazo en la cara. Esta etapa de la vida de tus hijos puede ser la más dolorosa que tengas que enfrentar. Los verás sufrir y equivocarse, y además te sentirás rechazado e inútil. Sin embargo, toda buena semilla que plantes en sus vidas, dará fruto en su tiempo. Es una promesa del Padre. De modo que aunque pienses en este periodo que no ves los frutos, te aseguro que, tarde o temprano, tendrás cosecha de lo que antes sembraste y de lo que te dediques con esfuerzo a regar en este tiempo.

6. Adultez

Esta etapa comienza inmediatamente después de finalizada la adolescencia, cuando los hijos parten del hogar de los padres, habiendo adquirido independencia plena y, para efectos del rol parental, consideraremos que continúa durante el resto sus vidas. Se sigue ejerciendo el rol, incluso cuando ellos hacen su propia familia y tienen sus propios hijos. El rol de padres se actualiza, se reinventa, pero no finaliza.

El logro de la total independencia es un evento que varía según la cultura y la situación social y económica. Algunas veces puede no ser un hito claro, porque actualmente es usual ver hijos mayores que administran de manera independiente varias áreas de su vida, como decisiones, vida de pareja, desarrollo laboral; pero que siguen viviendo con sus padres porque están estudiando una segunda carrera, un postgrado, ahorrando para una casa, esperando consolidar un emprendimiento o esperando un ascenso. Estos adultos jóvenes suelen sentir miedo de partir de la casa paterna porque implica asumir responsabilidades financieras y domésticas, que pueden percibir como intimidantes. He atendido a muchos de ellos, de más de 25 años que, inconscientemente, tienen pánico de volar solos y dilatan su partida cuanto pueden. El mayor miedo que sienten es a quedar sin trabajo y no poder autosustentarse, lo que está impulsado por nuestra cultura consumista y exigente y sus sistemas financieros desquiciados. Con frecuencia desconocen sus propias capacidades y recursos, incluso para conseguir dinero de un modo diferente al que pensaron o planearon. No suelen estar entrenados en "supervivencia", ni haber sido puestos a prueba en esta área. Además, muchas veces, no están dispuestos a "bajar de nivel" o a prescindir de las comodidades que tienen.

Desde mi perspectiva y experiencia clínica, los hijos sólo llegan a ser verdaderamente adultos cuando comprueban que son por completo capaces de sostenerse de manera económica y logística. Esto incluye que:

- Sepan administrar los recursos en forma adecuada y manejen su espacio personal con todo lo que eso implica: orden de la casa, limpieza, compras y alimentación.

- Se desenvuelvan con responsabilidad en una actividad de compromiso (remunerada o no) que los gratifique, recompense y les permita sentirse desarrollados.

- Establezcan lazos seguros que funcionen como red de apoyo y contención, tales como amistades y relaciones de pareja saludables y edificantes.

- Se hagan cargo de su salud y bienestar en un consciente autocuidado.

Es posible que algunos se casen justo para salir de la casa de sus padres a su casa compartida. En este caso, es igualmente válido el desafío de sostenerse en pareja y desarrollar juntos el manejo financiero y de vida práctica, sin depender de los padres.

El desarrollo laboral y/o profesional suele ser la piedra angular en la posibilidad de autoabastecerse. Para eso, requieren haber descubierto antes sus talentos, capacidades e intereses, para cultivar una vía de trabajo estable con proyección o estudios que les permitan llegar a ello. Se esperaría que en la etapa adulta el camino que han iniciado les sea satisfactorio y les rinda dividendos tanto en gratificación como en la posibilidad real de sustentarse de una manera que les resulte apropiada. Algunos jóvenes se van a estudiar a otras ciudades o países y se desvinculan parcialmente de la familia durante semanas, meses o años. No obstante, mientras no generen su total mantenimiento, no han experimentado el sentido pleno de la vida adulta independiente.

Otro logro que suele darse en esta etapa —pero que no es requisito indispensable— es la consolidación de vidas estables de pareja. Relaciones que se dibujan más maduras, de mayor compromiso y proyección que en la etapa anterior y que suelen aspirar al matrimonio y a la paternidad, aunque lo posterguen hasta adquirir mayor estabilidad económica. Cuando llegan los hijos, comienzan nuevos procesos de vida. Es un potente desafío para ellos, aprender a sostener a otro ser humano, además de a sí mismos. Es por esto que es tan importante que hayan aprendido a hacerse satisfactoriamente cargo de ellos mismos, antes de tener que cuidar de otros.

Si sus hijos —tus nietos— llegan antes de que hayan consolidado una vida de pareja estable o de haber alcanzado la independencia económica, suelen requerir apoyo. Sin embargo, no es recomendable que los padres asuman como propia la tarea de crianza y el sostenimiento económico. Es necesario ayudarlos sin desplazarlos de su lugar de nuevos padres y sin privarlos del crecimiento y desafío de generar recursos. Es posible alcanzar este ideal. He sido testigo de muchos procesos maravillosos de padres levantando a sus hijos-padres y favoreciendo en ellos la incorporación y entrenamiento de las habilidades que aún les faltan. Pero he visto también otros casos en los que tristemente los padres —con la mejor intención— privan a sus hijos-padres de un desarrollo pleno, porque asumen por ellos la totalidad de sus responsabilidades de crianza y sostenimiento, en vez de entrenarlos a ellos para cumplir su rol. Estos hijos-padres se quedan empequeñecidos de tal modo que les resulta difícil avanzar y prosperar. Por otro lado, quedan aminorados los nietos-hijos, que perciben a sus abuelos como padres sin tener la oportunidad de admirar y asimilar el rol de parte de sus verdaderos progenitores.

La construcción de una familia fuerte es un gran desafío. No resulta fácil sostener y nutrir una vida de pareja que permita anidar positivamente a las nuevas generaciones. Los ciclos se vuelven a repetir, los padres suelen reeditar los errores que aprendieron y vivieron en sus propios hogares. Tan sólo unos pocos deciden conscientemente hacer cambios en favor de sus hijos.

A los hijos les queda mucho camino por recorrer en esta etapa tan larga de la vida. Les toca enfrentar varias pruebas duras, unas muy naturales, tales como inestabilidad laboral o financiera, crisis matrimoniales, problemas con los hijos, vejez y muerte de los padres, problemas de salud física o emocional y conflictos relacionales. Además, otras más inesperadas, tales como la muerte de los hijos, separaciones o divorcios, enfermedades terminales o fracasos económicos tan devastadores que implican un nuevo comienzo. Los temblores y terremotos que acontezcan pueden ser tanto desastrosos como edificantes. Eso dependerá de la fe y la perspectiva de Dios y de la vida que ellos tengan, lo cual dependerá a su vez de la espiritualidad y el conocimiento del Padre que les hayas compartido, así como de sus propias decisiones de crecer en la fe y de cultivar una relación cercana con Dios.

No hay que desperdiciar el tiempo para sembrar y sembrar una vida de fe en nuestros hijos. No hay que claudicar en entrenarlos, cuando es tiempo, para que aprendan a levantarse de las caídas, las pérdidas y los fracasos. En esta etapa de la vida de tus hijos, tu desafío es empujarlos a volar tan lejos de ti como puedan. Para que regresen a tu nido sólo de visita, porque han hecho del suyo un nido mejor. Ese nido será el hogar de tus nietos, quienes construirán uno aún mejor. Vamos a entrenar padres para que las nuevas generaciones de hijos no se queden tiradas en el suelo. Hijos guerreros que den la batalla de Dios cuando llegue el momento.

A manera de resumen, destaco lo relevante de cada etapa en el siguiente cuadro:

ETAPA	EDAD	CARACTERÍSTICA CENTRAL
Gestación	Antes de nacer	*Periodo de desarrollo intrauterino. Su bienestar está estrechamente relacionado con el bienestar de la madre.*
Lactancia	RN a 2 años	*Periodo de dependencia natural. Se establece el tipo de vínculo de apego.*
Infancia Temprana	2 a 5 años	*Periodo de eventos de desregulación emocional natural. Aprende a regular sus emociones, adquiere lenguaje emocional y fortalece su capacidad de tolerar la frustración.*
Infancia Media y Tardía	6 a 11 años	*Periodo de adquisición de hábitos, valores y afirmación de la autoestima. Adquiere sentido de capacidad, seguridad y las bases para el sentido de propio valor.*
Adolescencia	12 a Independencia total	*Periodo de consolidación de la identidad. Fortalece su sentido de sí mismo, define su vocación y ensaya su rol social y de pareja.*
Adultez	Resto de la vida	*Periodo de independencia y autogestión de su vida. Afianza una actividad de responsabilidad y relaciones cercanas funcionales, además, gestiona su autocuidado y administración de su vida.*

VII. LO QUE LOS HIJOS NECESITAN DE SUS PADRES

"Y este mismo Dios quien me cuida
suplirá todo lo que necesiten, de las gloriosas riquezas
que nos ha dado por medio de Cristo Jesús".

Filipenses 4:19
Nueva Traducción Viviente (NTV)

Hay una gran verdad que no podemos desconocer: somos hijos de Dios y Él suplirá todas nuestras necesidades de padres y, a la vez, es Padre de nuestros hijos y Él mismo suplirá todas sus necesidades. Esto quiere decir que su gloriosa riqueza nos da suficiente aliento, instrucción, perdón y restauración y compensa cualquier carencia que tengamos para llevar a cabo la tarea de criar y formar nuestros hijos. A la vez, implica que hará lo mismo con nuestros hijos y estará presto a reparar nuestros errores en sus vidas.

Si Él ha querido que lo tengamos de modelo, significa que nuestro anhelo sincero es hacer propias estas palabras de Filipenses 4:19 y suplir todo lo que nuestros hijos necesiten, de acuerdo a las abundantes riquezas que nos ha dado el Padre al conocer a Cristo. Si aún no sabes cuánto poder tienes en "Nombre de Jesús", oro para que te sea revelado. Podemos ser equipados por el Padre con sabiduría, estrategias y todos los atributos que hagan bien a nuestros hijos. Pero es imprescindible saber qué vamos a pedir a Dios y, para saberlo, es necesario saber qué necesitan de nosotros los hijos.

A continuación, describo y analizo las necesidades emocionales de los hijos en cada etapa de su desarrollo. Las mismas que Dios quiere que conozcamos y nos dispongamos a cubrir con Su ayuda generosa.

1. Gestación

En esta etapa altamente sensible, los bebés en formación requieren que sus madres se encuentren en un estado de óptimo bienestar físico y emocional. Para alcanzar el primero, es esencial mantener una vida saludable: velar por una sana alimentación, prefiriendo aquellos alimentos de mayor valor nutritivo y evitando los nocivos; hacer ejercicio entretenido y lograr un adecuado descanso, tanto en cantidad y calidad de sueño, como en reposo y pausas diurnas.

Para conseguir el bienestar emocional, se necesita un ambiente tranquilo, con bajo nivel de estrés y con muchos momentos de descanso, recreación y buen humor. Esto les puede exigir alejarse de las tensiones e incluso de las personas que les causan pesar o abatimiento.

Los bebés en gestación necesitan ser deseados, esperados y amados. Esto sucede cuando sus madres procuran tener pensamientos positivos en torno a la maternidad y al hijo que esperan. Requieren liberarse de temores o inseguridades personales para imaginarlos, pensar en ellos, hablarles, cantarles y acariciarlos en la panza. Las madres que se dan tiempo para cultivar una conexión con sus hijos, tienden a ser más sensibles para captar sus necesidades cuando nacen, lo que facilita la consolidación de un vínculo de apego seguro.

Los bebés que están por nacer, necesitan que su padre, ante todo, **apuntale** a la madre. Este término, usado clásicamente en la psicología, se refiere a la habilidad de aquél para sostenerla a ella mientras es vulnerable; así como ella contiene y sostiene al bebé. Puede hacerlo ayudándola a cuidar de sí misma y protegiéndola del entorno si se vuelve tenso.

También necesitan que sus padres, aun cuando no los puedan sentir tan cerca como a la madre, se den el tiempo y tengan la disposición para establecer un vínculo con ellos y demostrarles presencia y amor: esto lo logran al hablarles, cantarles o ponerles música, acariciarlos a través de la panza y todo cuanto descubran que les ayuda a tener a su hijo presente en su mente y a éstos a reconocerlos desde antes de nacer.

Como los bebés necesitarán sentirse acogidos y bien recibidos al nacer, requieren que ambos padres preparen sus corazones y el entorno para recibirlos. Una forma de unirse en la espera es compartir sus sueños, temores y expectativas. Hablar del hijo es un punto de unión y los prepara y dispone emocionalmente de un modo favorable para conocerlo. Así también, la preparación del espacio que habitarán y su ajuar permite hacer juntos cosas por y para el bebé que llegará, y los conecta en un amor práctico.

Todas las necesidades descritas pueden cubrirse fácilmente en un escenario ideal. Sin embargo, muchas madres embarazadas atraviesan circunstancias difíciles, sufren carencias, enfrentan exigencias laborales más allá de lo adecuado, no cuentan con el padre de su hijo o con redes de apoyo, o bien, son demasiado jóvenes o vulnerables emocionalmente. Algunas no han buscado el embarazo y les resulta muy difícil asumirlo. Como pueblo cristiano, podemos ser sensibles a estas necesidades y suplir de la manera que sea posible, cualquier carencia o falta.

Dios está levantando en este mismo momento, en todo el mundo, redes de apoyo a las madres gestantes. En especial, se están abriendo espacios de acogida para las madres valientes que han decidido darles a sus bebés la oportunidad de vivir, aunque la circunstancia no sea favorable ni la sociedad las aliente. Se están levantando también redes de adopción para encontrar padres a bebés cuyas madres no podrán criarlos. Personalmente, pienso que es un gesto de amor y valor tanto el luchar por continuar un embarazo, contraviniendo cualquier circunstancia adversa, y criar al hijo en las mejores condiciones posibles, como la decisión de brindar al niño la posibilidad de recibir un cuidado amoroso y estable con otros padres, cuando se sabe responsablemente que no se le puede ofrecer las condiciones básicas.

Si tú estás experimentando alguna dificultad en tu embarazo o has identificado que no estás brindando todo aquello que he descrito que tu hijo necesita para crecer emocionalmente saludable, te animo a buscar ayuda en tus redes de apoyo, una iglesia local, profesionales que resguarden la vida o instituciones dedicadas a promover el bienestar de las madres embarazadas. No es una etapa que una mujer deba vivir en soledad o sin apoyo; sino un tiempo en el cual necesitas ser cuidada y amada. Estoy segura de que el amor del Padre puede alcanzarte. Tú eres su hijita amada, la niña de sus ojos. No te quedes en silencio.

2. Lactancia

Los bebés en esta etapa precisan ser calmados y confortados prontamente. Requieren cuidadores sensibles y conectados que los puedan "leer" (interpretar) correctamente y se movilicen en la dirección de la necesidad comunicada.

Cuando tienen menos de 6 meses, su aparato psíquico no está en absoluto preparado para tolerar el malestar que ocasiona una necesidad no satisfecha, por lo que resulta especialmente importante brindarle atención y una respuesta acertada. Hoy se desmiente —con toda certeza— todo método antiguo que sugería dejar llorar a los lactantes para que desarrollaran sus pulmones o para que no se "malcriaran". Por el contrario, aquellos que lloran sin ser atendidos, presentan un alto nivel de estrés, lo que a la larga puede llegar a ser perjudicial para su salud física y mental. Ellos necesitan padres cercanos, presentes y estables, que tengan una "mente disponible" para asistirlos.

La cualidad esencial que necesitan desarrollar las madres es la sensibilidad. Ésta se refiere a la habilidad para estar atentas a su bebé, dar un significado correcto a sus señales y brindarles una respuesta oportuna y adecuada. Para que la madre esté alerta a sus señales, requiere ser consciente de que su hijo existe y la necesita.

Dado que el llanto es la forma básica de comunicación en este periodo, las madres tienen que ser hábiles para diferenciar el llanto de su bebé entre otros y discriminar sus distintos tipos para expresar diferentes necesidades o estados internos. No se trata de intentar anticiparse a la necesidad, sino de sintonizarse con el mensaje de los bebés que buscan comunicar que necesitan algo y permitirles experimentar que sus "llamadas" fueron escuchadas. Es decir, se trata de favorecer el registro de la experiencia de que comunicar es una buena estrategia para recibir lo que se requiere.

Los recién nacidos necesitan que se les permita constituirse como una unidad con otro ser humano, con **un** cuidador principal, idealmente con su madre. Esto se produce al darle la oportunidad de ser cuidado con estabilidad por un ser humano cercano y disponible. La destreza para lograr una verdadera unión emocional requiere una gran capacidad para tolerar la dependencia del bebé y permitirse estar completamente disponible. La madre, para facilitar la relación diádica (madre–bebé) y tolerar la dependencia, necesitará hacer una renuncia personal momentánea y entregarse a la tarea de crianza. Precisamente, recordar que es momentánea, la puede ayudar a sobrellevar mejor la carga.

También requieren que este vínculo que se construye sea de calidad, es decir, que le permita sentirse comprendido y desarrollar la confianza. Esto implica que quien los cuide tenga un genuino interés, estableciendo un verdadero vínculo emocional y de amor, lo que se da cuando las actividades cotidianas de alimentación, baño, muda, paseos y juegos se brindan con una sonrisa y mirada verdadera, una mente instalada en ese momento presente sin distracciones y con una genuina entrega. Sólo si las tareas de cuidado habituales permiten una real conexión y no son tareas realizadas en forma mecánica y ejecutiva, serán verdaderamente nutritivas para la mente infantil. En este punto, el mundo moderno con su estrés y la tecnología con sus tentaciones son perjudiciales, porque distraen a la madre en esos momentos vitales de contacto profundo.

Tolerar la dependencia de los pequeños y mantenerse activamente presentes y conectados no es una labor sencilla y suele traer agobio y cansancio. Sobrellevar bien estas demandas precisa la asistencia del padre. Nuevamente, en esta etapa se requiere que sea capaz de apuntalar a la madre y sostenerla mientras se adapta al nuevo hijo y transita por los estados anímicos fluctuantes propios de ese tiempo: temor, angustia, inseguridad, irritabilidad, culpa y, a veces, depresión. Ella necesita a alguien que sea capaz de darle seguridad, estabilidad y tranquilidad para que ella esté disponible para atender al bebé de manera efectiva. Puede hacerlo de un modo tan práctico como asistir o coordinar las otras labores de la casa, cuidar del recién nacido mientras ella descansa o cuidar de los otros hijos si los tienen.

Los lactantes también necesitan de padres que estén presentes, pasando con ellos tiempo real y que sean capaces de conectarse emocionalmente. Con su participación natural, al hacerlo eructar, mudarlo, acunarlo, hacerlo dormir, pasearlo, jugar con él y otras interacciones, va favoreciendo el proceso necesario, natural y progresivo de romper la relación tan estrecha (simbiótica) del bebé con su madre. Así como el rol de las madres es llegar a ser uno con sus bebés, el rol de los padres es tender a romper esa unidad para incorporar en la mente del niño la relación de tres (triangular).

No es casualidad que Dios conformó el matrimonio para que ambos padres —de manera unida y coordinada— cuiden y faciliten el desarrollo adecuado de los hijos. En esta etapa, su sincronía y capacidad de relevo mutuo facilitarán la cansadora tarea de cuidar al recién nacido. Pueden funcionar como complemento y apoyarse mutuamente en las actividades que les resultan a cada uno más difíciles o agobiantes.

Si lo expuesto ya parece arduo para padres que están juntos, cuánto más para madres que crían solas. Ellas necesitan de otras redes de soporte para tener la estabilidad emocional necesaria, para brindar a sus hijos lo mejor de sí mismas.

En Chile tenemos dificultades con todos los sistemas que están a cargo del cuidado temprano de niños. Muchos protocolos de salas cunas no consideran la innegable necesidad de los pequeños de tener un cuidador principal ni entrenan a sus cuidadores en lo esencial. Tampoco se forma adecuadamente a los técnicos en estos temas, siendo ellos los que principalmente están a cargo de los cuidados cotidianos de los niños. Se les suele formar como educadores; sin embargo, cuando son pequeños no necesitan buenos educadores, sino buenas madres sustitutas.

Una deuda particularmente grande se da con los bebés que esperan ser adoptados. Como es un periodo tan sensible y crucial para la formación de un vínculo de apego seguro, la demora del sistema en ubicarlos con sus padres definitivos los perjudica tremendamente, dejando lamentables secuelas para su vida, la relación con el mundo y con otras personas. Últimamente, en nuestro país, Dios está levantando un movimiento que busca y prepara familias para ser hogares de acogida para los bebés y niños que están a la espera de ser adoptados, permitiendo que esa espera suceda en brazos de amor y no en frías e impersonales instituciones, donde las pocas manos comprometidas y disponibles no logran dar abasto para formar lazos de seguridad con los bebés.

Conforme los hijos van creciendo, necesitan que sus padres sean capaces de captar los nuevos requerimientos que surgen en su desarrollo y privilegiar éstos haciendo los ajustes adecuados. Por ejemplo: cuando es tiempo del destete, de iniciar la comida sólida, de dejarlo comer solo, de dejar de sostenerlo mientras da sus primeros pasos o de dejar que resuelva algunos pequeños problemas. La capacidad de los padres para identificar cuándo el niño está listo para dar el siguiente paso en un proceso, será clave para favorecer un desarrollo adecuado. Si los padres pasan por alto sus avisos de crecimiento o los desmerecen en favor de sus propios deseos, ideas o creencias, estarán impidiendo la posibilidad del niño de avanzar de manera natural y a su propio ritmo.

Siendo ésta también una etapa altamente vulnerable para la salud emocional de los bebés, es importante estar atentos a cualquier necesidad de apoyo que puedan presentar sus padres. En especial es clara la importancia de resguardar el estado emocional y físico de la madre durante los 2 primeros años de su bebé y, muy en particular, de los primeros 6 meses, tiempo en que la demanda y necesidad de adaptación y conocimiento mutuo son mayores. El bienestar o malestar de la madre está directamente relacionado con el bienestar físico y emocional de su bebé. En especial, se hace crucial diagnosticar a tiempo algún tipo de cuadro depresivo, ansioso o mixto en la madre e intervenir prontamente para que lo supere.

Si eres madre de un bebé de esta edad y te has sentido triste, cansada, desanimada, abrumada, sin ganas de cuidar al bebé o, incluso, has experimentado una sensación de rechazo hacia él, es importante que consultes cuanto antes. Es algo totalmente factible de solucionar hoy en día. Si eres padre y notas estos síntomas en la madre de tu hijo, es relevante que le expliques la importancia de consultar y tratarse. Las secuelas de una depresión no tratada en la madre son en extremo graves para el bebé y no es algo que Dios quiera que pase, en especial, si ha brindado conocimientos a la ciencia para solucionarlo.

3. Infancia temprana

En este periodo de la vida, un niño necesita de padres capaces de comprender que sus avances generales no lo hacen un "niño grande", sino que por el contrario, sigue siendo un niño pequeño que ahora, en vez de llorar dulcemente para ser asistido, alega, se queja, se rebela o hasta se tira al piso enfurecido, porque carece aún de estrategias mejores. Es necesario que los padres acepten que estos sucesos son normales e inevitables de parte del niño, para tener mayor nivel de misericordia, paciencia y lograr modular sus propias emociones. Este hijo necesita que sus padres tengan un equilibrio entre el fomento de la autonomía y la capacidad de acogida y consuelo cuando lo requiera. Los padres necesitan conocer las limitaciones y dificultades particulares de su hijo para animarlo y asistirlo con la ayuda justa, ni menos ni más de la que necesitan. Por ejemplo: "¿No puedes sacar la tapa? Entiendo que te sientas frustrado por no poder abrirla. Puedes intentarlo de nuevo. ¿No lo has logrado?... ¿Quieres mi ayuda?".

Los niños de esta edad no saben lidiar con lo que les resulta desagradable y necesitan aprender a regularse por sí mismos, para lo cual necesitan que otro ser humano los regule primero. Hay momentos en los cuales los hijos precisan ser consolados y abrazados: "Ven, yo te hago cariño en tu herida, yo te abrazo hasta que pase el dolor". Hay otros en los que necesitan que les "prestes tu mente", poniendo en palabras lo que crees que sienten y lo que piensas que lo hizo sentir así, a fin de ayudarlos a conectar las vivencias afectivas corporales (lo que sienten en el cuerpo) con el lenguaje que las representa: "Yo sé que sales cansado del jardín y que no quieres caminar a casa y sé que te enojas cuando te explico que no puedo cargarte". Con el tiempo, estas experiencias educativas son internalizadas en la mente de los infantes, de modo que pueden usar por sí mismos los recursos aprendidos. Lo difícil para los padres en esta etapa, es aceptar que sus hijos los siguen necesitando intensamente, pero de una forma diferente y más desafiante. No es fácil lidiar con una rabieta o una porfía. Los padres suelen sentirse sin herramientas y desesperados en esta etapa de la vida de sus hijos.

Para que los padres puedan brindarles lo que ellos necesitan, requieren tener resueltos dos importantes asuntos personales. El primero, es que necesitan ser capaces de "mirarse" a sí mismos y reflexionar, para identificar lo que les está aconteciendo a ellos en un determinado momento respecto a sus hijos. Esto se llama "automentalización" y se refiere a la capacidad de poner en palabras lo que ellos mismos sienten y comprender qué lo está generando. Por ejemplo, lograr identificar que esa manera de tu hijo de despertar amurrado te hace enfurecer, que su insistencia por comprarle algo en el supermercado te hace perder la paciencia, que la forma en que le pega al hermano chico te hace sentir desesperado e impotente, que la manera inadecuada de comportarse en el restaurante te hace sentir avergonzado, etc. Esta capacidad es vital para hacerse cargo de las propias emociones, tomar distancia de las de los hijos y llegar a generar respuestas positivas y efectivas. Sin ella, surgen respuestas impulsivas, sin reflexión. Un padre que no sabe lo que siente no estará a cargo de sus emociones, porque no se puede ser dueño de lo que se desconoce. Solamente cuando se comprende el propio mundo emocional, se puede procesar y tomar adecuadas decisiones. Además, cuando esta capacidad no está bien fortalecida, es más difícil ayudar al niño a mentalizar sus propios procesos afectivos.

El primer asunto, nos lleva al segundo, que es la capacidad de "modular" las propias emociones. Una vez identificada su emoción, un padre, puede desplegar sus estrategias para calmarse o confortarse. Muchos padres sienten que se les sube la ira a la cabeza y no pueden pensar, otros se sienten paralizados, impotentes o tan culpables que se quedan atorados, sin poder hacer algo beneficioso. No todos son hábiles para calmarse, pero siempre se puede mejorar. Habitualmente, los adultos logran modular sus emociones respirando, tomándose un tiempo y generando de manera intencionada pensamientos positivos en torno a la situación problema. Por ejemplo, siguiendo con las mismas situaciones descritas puedes pensar: "Él despierta molesto por alguna razón y si yo me molesto también, no podré ayudarlo", "sé que quiere lo que me pide insistentemente y sé que genera frustración que le diga que no", "ponerse celoso de su hermano es muy difícil de manejar para un niño pequeño", etc.

Las capacidades de automentalización y autorregulación son necesarias de parte de ambos padres, aun cuando ellos pueden apoyarse y suplirse en lo que les cuesta más. Ellas facilitan que los padres estén disponibles para ayudar a sus hijos. Pero hace falta que también usen sus capacidades para generar intencionadamente una instancia de aprendizaje emocional específica para ellos: ayudarlos a comprender sus procesos internos. Los padres no colaboran cuando entienden lo que les pasa a sus hijos, pero se guardan la información para ellos mismos. Es esencial comunicarla a los pequeños de una manera que les resulte comprensible. Por eso, quiero recalcar que el ejercicio de ayudar a los niños a "pensar" acerca de sus estados emocionales es una actividad central y relevante en esta etapa para el crecimiento positivo de los hijos.

Otro aspecto fundamental es la capacidad de los padres para demostrar estabilidad y consistencia. Dado que es una etapa altamente frustrante por sí misma, la posibilidad de descubrir patrones estables los calma. Por el contrario, si las rutinas, los permisos, restricciones y el humor de los padres suelen ser cambiantes, se vuelven impredecibles, lo que resulta altamente nocivo para la estabilidad emocional de los niños. Un mundo impredecible y adultos inconsistentes fomentan niños angustiados, más irritables y más intensos.

En mi extenso tiempo asesorando y apoyando a padres y madres, he notado que aunque todas estas habilidades pueden ser desafiantes para cualquiera de los dos, hay algunas específicas que suelen resultarles particularmente difíciles a ellas y otras a ellos, debido a sus mismas habituales características.

Las madres, por su naturaleza particular caracterizada por la receptividad y acogida pueden tender a proteger y asistir: "Pobrecito, te pegaste, ¿te dolió mucho?". Esto podría hacerles más fácil captar y satisfacer adecuadamente la necesidad de dependencia de sus hijos, pero podría inducirlas a descuidar su necesidad complementaria de independencia. Existe una línea divisoria muy fina entre una situación en la que necesitan ayuda directa o aliento para resolverla por sí mismos. Es importante aprender a diferenciar y discriminar cuándo los hijos están listos para avanzar con menos ayuda o cuándo requieren de verdad asistencia física o emocional, para acogerlos cuando lo precisan sin caer en la sobreprotección, resguardando así su sensación de autonomía.

A las madres también pudiera resultarles dificultoso el poner límites firmes y pueden llegar a delegar esta función al padre. Puede ser un gran desafío para algunas ellas decir "NO" a sus hijos y sostener ese "NO", a pesar de las insistencias o consecuencias emocionales para ellos.

Por el contrario, las características paternas suelen favorecer la firmeza y la destreza para empujar al niño a crecer y obtener logros: "No es nada, puedes levantarte solo". Pero, como sabemos, los hijos de esta edad aún siguen siendo pequeños y pueden requerir contención, por lo cual, el desafío para muchos padres pudiera ser fortalecer su capacidad de sintonizarse con las necesidades emocionales de sus hijos y brindarles contención si la necesitan. Es decir, soltar y potenciar, pero estando dispuestos a acogerlos de vuelta cuando lo necesitan y sabiendo equilibrar el juego de "grandes" a las posibilidades de los pequeños, deteniéndolo si ellos lo piden.

En resumen, la clave está en captar a los hijos, porque ellos mismos suelen dar las pistas a sus padres, a través de sus caritas, sus comentarios y sus reacciones. A veces será necesario alentarlos, animarlos y desafiarlos, y otras veces, será necesario abrazarlos y consolarlos, para que vuelvan a estar listos para más intentos.

Si tienes hijos de esta edad y sientes que te resulta difícil comprenderlo, lidiar con sus estados de frustración o enojo, o bien, lidiar con tus propias emociones, te animo a buscar ayuda o asesoría. Hay estrategias muy efectivas y fáciles de aprender para ayudar a los niños de esta edad. Abordaré estos temas en profundidad en mi siguiente libro porque, después de plantear las ideas generales, quiero ayudarte a desarrollar habilidades específicas. Mientras tanto, oro para que Dios te dé una cuota de sabiduría extra en este tiempo y te ayude de manera práctica a resolver los desafíos que aparezcan en tu camino.

4. Infancia intermedia y tardía

En esta etapa de la vida, los hijos necesitan más que nunca que sus padres puedan mirarlos como Dios los ve y los sueña: no como quién está en proceso o aún en construcción, aunque obviamente así sea. Dado que están edificando su sentido de capacidad y descubriendo lo que el entorno dice de ellos, lo que les digas o declares les quedará grabado a fuego.

En estos años, requieren que sus padres no sólo puedan verlos con ojos de amor y descubrir el tesoro que Dios depositó en ellos; sino que, además, sean capaces de compartirles ese tesoro y revelarles sus cualidades, talentos, capacidades, condiciones y habilidades. Ellos necesitan de unos padres alentadores y capaces de resaltar los logros, como así también los esfuerzos y la perseverancia, aunque éstas no deriven en logros. Puedes tener hijos hábiles en diferentes áreas o hijos que se esfuerzan y perseveran aunque no logren buenos resultados; y todo, todo tiene valor.

La historia —casi una leyenda diría yo— de Thomas Alba Edison me ha inspirado. No estoy segura de su completa veracidad, pero vale la pena mencionarla porque ejemplifica muy bien el poder de los padres que ven lo positivo de sus hijos. Se cuenta que su madre, Nancy, decidió hacerse cargo de su formación académica, después de que se le catalogara como niño problema en la escuela. Ella decidió decirle a su hijo que la carta que mandaba la escuela decía que él era muy especial y que ya no sabían cómo enseñarle porque era el más listo, por eso desde ese momento ella le enseñaría. En vez de acusarlo y retarlo por haber sido expulsado de la escuela, por ser "un pésimo estudiante y no avanzar como el resto de sus compañeros", como decía la carta, Nancy decidió creer en las capacidades de su hijo y no en las "incapacidades" que decían de él. ¿Cuántos padres no han vivido lo mismo? Muchos niños —hoy más que antes— se describen como "inadecuados" para el sistema escolar y son expulsados o perseguidos hasta que los retiran voluntariamente o los llevan a "tratamientos" (farmacológicos o terapéuticos, innecesarios en muchos casos) que los ayuden a adecuarse al sistema. La madre de Edison no creyó lo que se decía de su hijo y esperó más de él. Ella apostó por él y dedicó su tiempo a enseñarle todo lo que pudo de la manera en que a él le convenía. Se dice que Edison escribió: "Soy el resultado de lo que una gran mujer quiso hacer de mí" y, de hecho, fue un hombre increíble, que tuvo la capacidad de abrir nuevos caminos con sus más de mil inventos.

En esta etapa, los hijos creen todo lo que escuchan decir a sus padres sobre ellos, sin cuestionar ni confrontar la información. La consideran como verdad absoluta, porque se miran a través de ellos como quién se ve en un espejo. Éste puede reflejar una imagen positiva o negativa: "Eres inteligente, esforzado, o perseverante", "eres bueno para el deporte, la música o las matemáticas", o bien, "eres flojo, despreocupado o irresponsable", "eres un tonto", "eres desobediente, malhumorado o mal educado". Lo que le digas, eso creerá. Un conferencista que escuché lo describía como una mochila llena de etiquetas que va cargando. Llegará el momento en que la abran en la adolescencia para revisarla y comprobar. Pero durante todos esos años, la llevará a cuestas. Que sea más pesada o más liviana, depende principalmente de sus padres, porque a esta edad ellos son el principal referente para sus hijos.

Es conveniente resaltar las cualidades de los hijos de manera siempre honesta y genuina. No es bueno exagerar, resaltarlo todo (porque se pierde el valor de lo específico) ni hacerlo todo el tiempo. Tampoco sirve que lo hagan por cumplir con la indicación, si no lo ven de verdad en los hijos. El valor de lo que digan dependerá de la credibilidad que alcancen. Por eso, la importancia de que puedas VER en tus hijos lo que DIOS VE. Es como ver la foto final y no la del proceso, ver lo que declaran que será como si ya lo fuera, ver el pecado pagado y no el pecado que condena, ver con misericordia y no con juicio.

Quiero aclarar que mi sugerencia de resaltar el diamante que hay en los hijos, no quiere decir que deban desconocer lo que les hace falta cambiar, desarrollar o fortalecer. Uno debe ver la verdad en los hijos, tanto lo maravilloso como lo áspero que necesitan pulir. Pero, incluso para aspirar a cualquier mejora en ellos, conviene más partir desde la aceptación y amor incondicional. En esta etapa, se corrige con guante de seda, con amor de Padre. La corrección del Padre no daña la identidad, sino que se afirma en ella. Por ejemplo, cuando un hijo ha robado, se le puede corregir activando su motivación a cambiar de la siguiente manera: "Sabes, hijo, yo sé quién eres, sé el valor que Dios ve en ti y sé que no has sido creado para tomar lo que no es tuyo, por mucho que lo desees. Sea lo que sea que ha pasado en tu cabeza, que te llevó a tomar esa mala decisión, sé que puedes cambiarlo. Yo veo en ti un amor genuino por las personas y respeto por sus vidas y pertenencias. Si tú quieres, podemos orar para que esta cualidad tuya tenga mayor peso que cualquier impulso o deseo de tener algo ajeno".

En esta etapa, toda corrección y enseñanza puede brindar una oportunidad de afirmar el valor y capacidad en los hijos. El objetivo es que ellos avisten quiénes son en Dios y activen su deseo de trabajar para llegar hasta ese mismo lugar de honor. Es justo lo contrario de ser buenos y portarse bien para ser aprobados y amados. Es desde ser amados y aprobados, aspirar a igualarse a la versión de sí mismos que Dios ha soñado.

Siendo una etapa fértil para la formación de valores, hábitos y cualidades personales, es importante enfocarse en estrategias de formación y corrección efectivas. A esta edad, los hijos necesitan ser potenciados, fundados y corregidos. Para definir estrategias de amor que edifiquen las vidas de sus hijos, los padres requieren ajustarse a su edad y a sus características particulares. Se necesita sabiduría para hacerlo de la manera adecuada para cada hijo y para cada momento.

Quisiera destacar el especial desafío que presentan padres de niños con dificultades en la concentración. Pueden tener que repetir muchas veces la misma idea o tener que inventar maneras de seguimiento a los procesos para alcanzar las metas trazadas. Requieren de paciencia extra y creatividad fuera del promedio. Pero los animo, en la convicción de que sus hijos son especiales, no están fingiendo ni son malos hábitos, sino que realmente no logran seguir una instrucción sin distraerse o perderse en el camino.

Específicamente en torno a la relevancia de generar cambios en las conductas de los hijos, quiero destacar que la corrección de un padre cristiano no tiene como objetivo último el cambio de comportamiento, sino el cambio en el corazón de los hijos. Sobre todo, la corrección de un padre que ama a Dios no daña su estima ni la relación con ellos, sino que se fundamenta justamente en el valor de los hijos y en la relación fortalecida con ellos. Esta idea es central, por cuanto muchos modelos correctivos se enfocan de manera equivocada en que el niño deje de hacer algo o comience a hacer una cosa nueva, pero olvidan algo más importante: ayudar a los hijos a descubrir sus motivos más profundos. Esto último es lo que hace Dios cuando nos disciplina: escudriña nuestro corazón y nos revela las verdades más profundas, para movilizar desde allí la libertad que nos permite generar el cambio.

Como mencioné antes, al describir sus características, es en esta edad cuando los niños graban dentro de sus mentes la idea de "puedo" o "no puedo". Como Dios cree que sí pueden, el mandato para los padres es ayudarlos a creerlo también así. Fueron creados con un propósito que empieza a cobrar forma en esta etapa, cuando van esbozándose sus intereses y motivaciones particulares, así como sus áreas más fuertes y sus áreas de dificultad. Ellos necesitan que sus padres cuiden el proceso de asentamiento de sus particulares capacidades, que promuevan una sólida idea de ellos mismos y que velen para que ninguna circunstancia la agriete o perjudique. También necesitan que sus padres favorezcan las oportunidades de descubrirse y probarse en diferentes áreas, de nuevo cuidando que se vayan quedando con la idea correcta de su capacidad: "Soy capaz de correr la manzana entera"; o "no puedo correr la cuadra entera, pero si practico podría lograrlo"; o "no puedo correr la cuadra entera pero puedo tocar una bella melodía con mi flauta". Los hijos tienen que desarrollar criterios maduros sobre sí mismos, sin miedo a lo que no pueden hacer, lo que, por cierto, no define quiénes son.

Respecto a esta última idea, es central que los padres eviten ligar las conductas con una condición del ser. Es decir, conviene que se refieran a sus conductas como algo que hacen y no como una característica que los define en su identidad. Por ejemplo: "Le pegaste a tu hermano" en vez de "eres un peleador"; "no hiciste tu tarea" en vez de "eres un irresponsable". En cierta oportunidad que estaba formando la responsabilidad en mi hijo menor, decidí no recordarle que llevara su tarea, dejando que las consecuencias directas le enseñaran. Como olvidó su tarea tres veces, su profesora que estaba al tanto de mi estrategia formativa, habló con él sobre la responsabilidad. Otro día, a propósito de otra situación, estaba hablándole a mi hijo de la diferencia entre lo que hacemos y quiénes somos y le resalté esa cualidad. Sin embargo, me rebatió argumentando que no era responsable porque la profesora le había dicho (o él le había entendido) que no era responsable al olvidar la tarea. Tuve que intervenir para que pudiera ver en perspectiva lo que la profesora le había dicho y recordarle las múltiples veces que en la vida se portaba responsablemente. Los hijos necesitan ver sus errores de comportamiento; pero solamente cuando es una conducta, se siente el poder de hacer cambios. Lo que se vive como parte del propio ser, no parece sujeto a modificación.

En esta etapa son muy sagaces observadores de sus modelos adultos significativos. Estudian atentamente cómo se comportan y si lo que dicen éstos, es coherente con lo que hacen. Cuando presencian un discurso hablado y ven algo diferente en la conducta, tienden a creer lo que ven, más que lo que escuchan. Por eso, necesitan coherencia de parte de sus padres, así como también entre la educación que reciben en casa y los mensajes que les dan en la institución donde estudian u otros ámbitos de valor en su vida: el barrio, la familia extensa, la iglesia, etc. Mientras más coherencia exista entre el mundo íntimo del niño y los demás mundos cercanos, más facilidad tendrá para asimilar aprendizajes poderosos, porque los diferentes entornos estarán reforzando lo mismo. Cuando no hay coherencia, el niño de esta edad tiende a confundirse. Los padres pueden estar atentos y ayudar así al niño a comprender las excepciones y diferencias.

Sus padres requieren ser conscientes de que son observados y que, de hecho, la más valiosa oportunidad de formar es justamente a través del ejemplo. Esta etapa es una potente oportunidad de mostrar y formar en los hijos hábitos y valores a través de padres que reflejen en su diario vivir los ideales que proclaman. Éste es el momento clave en que los padres aportan ejemplo con su propia vida, mostrando los aprendizajes y valores que han adquirido y que pretenden resguardar. Están revelando más que ideales, capacidades y cualidades; están revelando también su respuesta ante la adversidad, su capacidad de reponerse, de levantarse, de luchar. Los hijos de esta edad se benefician de ver padres "capaces", no de no caer, sino de levantarse si caen. Ahí reside la verdadera capacidad.

La etapa escolar, en especial para aquellos que asisten a la escuela regular, es todo un desafío, tanto en lo académico como en lo social. Es el momento en el que se inicia el desarrollo y fortalecimiento de las habilidades sociales, como asertividad (habilidad para expresar su opinión o hacer valer sus derechos sin dañar a otros), escucha activa (escuchar de una manera atenta y participativa), empatía (comprender los estados emocionales de los otros), cooperación (trabajo en equipo), comunicación efectiva (iniciar una conversación y expresarse claramente), comprensión de las situaciones (entender códigos poco explícitos que permiten respuestas adecuadas) y autocontrol (modular las propias emociones e inhibir conductas a voluntad). Estas habilidades requieren tiempo y entrenamiento, por lo tanto, es un aporte que los padres promuevan activamente su fortalecimiento con oportunidades y un monitoreo continuo del proceso, para apoyar cuando se requiera. Los hijos necesitan a esta edad que sus padres promuevan intencionadamente instancias sociales adecuadas. Pueden requerir ayuda directa en el desarrollo de algunas habilidades específicas, o bien, pueden necesitar que se los resguarde de algún ambiente perjudicial para su desarrollo.

Cierta vez, asistimos con nuestro hijo, que tenía entonces 7 años, a una gran conferencia de iglesias cristianas hermanas. Nuestro hijo participó en actividades para niños, con otros que eran en su mayoría desconocidos para él. En un tiempo de almuerzo, estábamos tan cansados que con mi esposo sólo añorábamos dormir una siesta tendidos en el pasto, pero nuestro hijo quería jugar con "alguien". Lo animamos a buscar a otros niños, le dimos tiempo para aburrirse y mi esposo le dijo que nos dejara dormir y que después jugaríamos con él. Pero yo, en un momento de debilidad y movida por la pena, le sugerí que jugara con el celular mientras dormíamos un rato. A los pocos minutos caí en cuenta de mi error y estaba arrepentida. Aparecieron otros niños cerca y el mío estaba concentrado en el celular. Si los padres de hoy no contáramos con niñeras virtuales, lo que probablemente habría acontecido de manera natural, es que al final, de tanto aburrirse, los niños empiezan a mirarse y terminan juntos creando juegos, lo que fortalece sus habilidades sociales. Pero en vez de eso, yo estaba privando a nuestro hijo de una experiencia social que hubiera ayudado a que se sintiera más capaz, justamente en un área que para él es de mayor dificultad.

Para enmendar mi error, se me ocurrió sugerirle que dejara un rato el celular para que fuera a comprar galletas (a un puesto cercano dentro del recinto). Le di el dinero y lo alenté a ir solo a comprar, para ayudarlo a sentirse más capaz e independiente. Mientras las comía, le mostré a otro niño que había estado en las actividades en su grupo. Se le ocurrió convidarle una galleta, pero volvió sin galleta y solo. Me dijo: "El niño se quedó jugando con su celular". Me dije a mí misma lo difícil que era luchar contra la corriente pero no me di por vencida.

En un segundo intento, le pedí que fuera por favor a comprar galletas para el papá cuando despertara y le sugerí que fuera con otra amiguita que estaba allí y que es de nuestra iglesia. En mi mente, estaba la idea de que después de comprar y comer galletas, se animarían a jugar juntos. Como no logré convencerlo, en mi tercer intento, esperé que ella se acercara y le pregunté: "¿Quieres galletitas?... ¡Convéncelo de ir a comprar más por favor!...". Así lo hizo y, efectivamente, fueron a comprar, comieron y jugaron a explorar el entorno. Al poco rato eran cinco niños jugando. Más tarde, después de enseñarles un antiguo juego, ya eran seis, casi el total de los niños ubicados en el sector de pasto donde nos hallábamos. Sólo faltó uno que se quedó atrapado por su celular.

Esta experiencia ratifica varias ideas. En primer lugar, confirma la relevancia de saber qué necesitan los hijos en una determinada etapa de su desarrollo y qué tipo de apoyo específico requieren de acuerdo a su personalidad. En este caso, la necesidad de tener experiencias sociales que resulten en logros y vencer su timidez. En segundo lugar, destaca la importancia de perseverar en los ideales que buscamos formar, como privilegiar las relaciones por sobre el aislamiento tecnológico, aunque sea difícil. En tercer lugar, afirma la idea de que siempre es posible encontrar una buena estrategia para alcanzar una meta de padres y que somos poderosos como tales, porque contamos con la sabiduría e inspiración del Padre. Por último, da testimonio de que ser padres efectivos (que logran un efecto positivo) siempre tiene un costo, como en mi caso lo fue dejar de dormir una siesta para ayudar a mi hijo a socializar. El precio que pagas en esta etapa es equivalente a sacrificios que hiciste antes, como caminar cuadras para llegar a un baño; o que harás después, como quedarte hasta la madrugada para ir a recogerlo a una fiesta.

A partir de mis años de observación clínica, me he formado una idea de las diferencias usuales entre la crianza de las madres y de los padres. Sin entrar en explicaciones de cuánto es biológico o cultural, son evidentes ciertos matices particulares en la manera de relacionarse y en el valor que asignan a distintos aspectos de la formación de sus hijos. A menudo se critican estas posturas, sin comprender que el diseño de madres y padres es parte del plan de Dios para cubrir las variadas necesidades de los niños. Estas mismas diferencias pueden ser favorables o jugar en contra en distintos momentos de la vida de los niños, por eso es importante que los padres las conozcan y se ajusten adecuadamente a los cambios y necesidades particulares de ellos.

En esta etapa, es relevante dar impulso y apoyo a su tendencia natural a la exploración y fomento de la independencia. Esto puede ser más difícil para las madres que para los padres; ellas necesitarán trabajar su confianza y darles más espacio a sus hijos para hacer cosas por sí mismos, aun cuando esta decisión tenga aparentes consecuencias negativas. Las madres pueden erradamente seguir tratando a los hijos como más pequeños y mantener su ayuda y control cuando ya no es conveniente. Por ejemplo, suelen recordarles que hagan sus tareas o que estudien y si se les olvida algo en casa, pueden correr para llevárselo. Esta dinámica puede haber sido apropiada en la etapa anterior, funcionando como una mente auxiliar, pero a esta edad los hijos necesitan aprender a gestionar sus actividades académicas de manera independiente. Si las madres los asisten, no dejan que aprendan de sus propios errores hasta encontrar la forma adecuada de funcionar. Por otro lado, hay un sutil y subliminal mensaje muy inconveniente que los hijos reciben de sus madres sobreprotectoras: "Sé que no lo harás si no te ayudo, no confío en ti, me necesitas a mí". Este recado oculto puede ser muy dañino para el sentido de capacidad y competencia que están procurando consolidar.

Por esa razón, te animo como madre (o padre si el caso aplica) a soltar a tu hijo, darle espacio para hacer por iniciativa propia lo más posible, asumiendo que se equivocará. No tengas temor en esto, porque de estas equivocaciones nacerán aprendizajes potentes que lo guiarán a decisiones mejores, las que lo llevarán a tener logros bien ganados. Experimentará, así, que fue por su mérito y no por el tuyo, afirmando su sentido de seguridad.

El otro consejo que les daría a las madres es que alienten a sus hijos para que venzan sus temores y dificultades, en vez de cubrirles las espaldas y dejarlos rendirse. Es necesario ser fuertes para empujar a un hijo a ir más allá, porque hay que vencer la tendencia natural a cuidarlo y evitarle las experiencias dolorosas. Pero, a esta edad, también es preciso que los hijos se caigan y se puedan levantar. El logro no estará en que lleguen al resultado deseado, sino a que el proceso les enseñe algo sobre ellos mismos, que sea de utilidad en situaciones venideras.

Por otro lado, los padres que tienen por tendencia natural empujar a los hijos a explorar, avanzar y ser fuertes, pueden tener dificultad para ser sensibles a sus temores y/o pueden tender a criticarlos o señalarles el error a fin de que "maduren y mejoren". Como en esta edad es adecuado alentarlos, el componente adicional que necesitan desarrollar los padres sería ayudar a los hijos a ser conscientes y aceptar las emociones que están experimentando, al tiempo que los alientan a avanzar. También, trabajar en su propia sensibilidad para acogerlos cuando viven un fracaso o alguna frustración, dándoles el "abrazo" (figurativo) antes de lanzarlos de nuevo. Este esfuerzo tiene mucho valor para sus vidas, por cuanto los ayuda a avanzar en honestidad consigo mismos y en aceptación de sus sentimientos, en vez de negarlos o evadirlos. Aquí no aplica el mensaje "los hombres no lloran", sino "los hombres y mujeres podemos llorar, pero podemos levantarnos después de hacerlo".

Si quieres que tu hijo madure y mejore, afirma primero sus logros. No te enfoques en lo que le falta sin darle suficiente valoración a lo que ha logrado. Es como subir una escalera: no puedes dar el paso siguiente sin afirmar bien el pie en el peldaño anterior.

Para finalizar, destaco el valor de formar y modelar bajo el ejemplo y en integridad, mostrando a tus hijos que eres en tu vida privada tal como eres en tu vida pública; que haces lo que dices y dices lo que haces; y que lo que esperas de él, es genuinamente lo que trabajas en ti mismo. Es este modelo de integridad el que facilitará que comprenda la lealtad de Dios y evitará que se enrede en pautas innecesarias de búsqueda de aprobación.

5. Adolescencia

En esta etapa, los hijos experimentan cambios difíciles que los hacen altamente sensibles y vulnerables. Sienten tanta inestabilidad que lo que más necesitan son padres estables, seguros y confiables. Se sienten tan solos al alejarse de ellos para definirse, que es preciso cuidar a toda costa la relación.

Esta es la etapa en la que nos vemos más desafiados a tener paciencia y capacidad de perdonar y olvidar, tal como la tiene el Padre con nosotros. Ayuda recordar que cuando los hijos arden de furia y dicen "te odio", no lo dicen desde un verdadero sentir, sino desde un cerebro inmaduro, en un *peak* emocional en el que no pueden pensar ni filtrar lo que dicen. Los padres de adolescentes tienen que aprender a callar, a esperar para hablar, a no enganchar en sus mentes y no enredarse en la situación con sus propias emociones, para empeorar un ambiente que ya está tensado por el quiebre natural de la relación. Las características de los hijos en esta etapa los hacen necesitar de padres con una cuota adicional de comprensión y misericordia. Es cuando más necesitan extra sabiduría y extra gracia para ser estratégicos.

Los hijos a esta edad precisan ser respetados en su necesidad de privacidad y tiempo a solas, así como en su tendencia al desorden y descuido personal. Es muy difícil para los padres encontrar un equilibrio cómodo para ellos, entre este respeto y su desesperación de ver a su adolescente en total caos. Muchos piensan que, si no los corrigen, se quedarán flojos, sucios y desordenados. Pero la verdad es que es una etapa solamente.

Para aclarar esto, recordaré primero que es la etapa anterior la propicia para formar hábitos y rutinas, como mantener su cuarto limpio, ducharse a diario, cepillar sus dientes y todo lo demás que se vincula al cuidado de su persona y sus pertenencias. Si los padres no los formaron en estas áreas, ya no es el mejor momento hacerlo en la adolescencia, cuando queda en jaque la relación. Si el orden y la limpieza fueron formados y afirmados en la etapa anterior, ahora sólo desaparece un tiempo y no es preciso caer en desesperación, porque lo que se formó volverá a aflorar después.

Son variadas las causas de este desbarajuste personal. No tienen mucha energía física disponible, necesitan estar echados, dormir más y desatienden sus tareas habituales. Además, el desorden en su cuarto, sus pertenencias y su ropa, es una representación del caos en que se encuentra su mundo interno. De manera natural —conforme avanzan en edad— van reflejando mayor cuidado y orden en su entorno, en la misma medida que se ordenan sus aspectos internos. Si los padres llegan a ganar la batalla un día, al siguiente se encontrarán de nuevo en la misma contienda. Por lo tanto, es una batalla que considero innecesaria en este momento. No es conveniente perjudicar una relación, que ya se encuentra en la cuerda floja, por un intento a destiempo de que se vuelva ordenado y limpio.

La principal importancia de cuidar la relación con los hijos adolescentes es que, siendo la etapa más frágil de sus vidas, resulta esencial estar muy cerca y disponibles para cuando ellos se quieren abrir, sabiendo que pueden confiar en ti, contar contigo si te necesitan. Los padres que se conectan con sus hijos pueden captar con mayor facilidad si requieren algo aunque no lo pidan, resguardarlos o poner límites firmes cuando se hace indispensable.

En esta etapa, es aconsejable que los padres hagan un esfuerzo por hacerles la vida fácil, lo que no es equivalente a hacer las cosas "por ellos". Por ejemplo, es un gesto de amor asegurarse de que haya en casa la comida que les gusta o que necesitan para estar bien alimentados y un ambiente tranquilo para que puedan descansar y estudiar. Sin embargo, no se trata de recoger la ropa sucia de sus dormitorios ni evitarles las tareas de ayuda en casa. En un futuro libro, pretendo aportar estrategias específicas para movilizarlos a hacer lo suyo y que cooperen sin afectar la relación con ellos o la armonía del hogar.

Como están rompiendo lazos y tratando de estirar los límites, darles cierto espacio para probar sus decisiones y sus destrezas en un mundo más complicado, es importante. Aquí, de nuevo, se necesita mucha sabiduría. ¿Cómo saber si están listos para nuevos ambientes, nuevas experiencias y nuevos amigos? Se supone que a estas alturas ya han detectado lo esencial de su personalidad. Los padres pueden identificar si han alcanzado suficiente fortaleza para decir que no, soportar las presiones de grupo y hacer valer sus derechos, o bien, si han madurado lo suficiente como para no dejarse llevar por sus impulsos o deseos en situaciones de peligro. Sin embargo, siempre tienen que estar listos para volver a confiar, aunque hayan fallado. Un voto de confianza y un error, a veces enseñan más que cien consejos. Están en proceso de alcanzar su madurez y todo error puede ser usado por Dios para algo bueno. Pero la sabiduría necesaria para saber cuándo mover la cerca, es algo que necesitan pedir a Dios. A veces tienen que poner límites inamovibles para resguardarlos; otras, tienen que sacar la cerca y dejar que avancen, a costa de errores y sufrimiento.

Quizás sea una buena táctica mantener algunos pilares valóricos bien sustentados en las genuinas creencias personales y derivar toda decisión o cambio desde allí. Por ejemplo, si para los padres formar la honestidad es un eje central, no debieran avalar jamás una mentira ni castigarlo por haber confesado con honestidad un error. Para el hijo, la guía será dicho valor y todos tus parámetros de formación y límites se debieran basar en éste. Si en alguna situación tu hijo va a una fiesta y le sientes olor a alcohol, le preguntas y reconoce haber bebido, no será momento de criticarlo por la decisión, sino de reconocer el valor de su honestidad como un pilar de la confianza en él.

Aprovecho de comentar que el alcohol —aunque en nuestra cultura latina es aceptado— produce efectos muy dañinos en el cerebro en formación. Lo más conveniente es retardar lo más posible el inicio del consumo de alcohol e, idealmente, demorarlo hasta superados los 20 años. Siguiendo con el caso anterior, los padres podrían preguntarle más (sin que suene a crítica) sobre la fiesta y dar espacio amistoso para que cuente sobre las circunstancias que lo llevaron a la decisión de beber. En otro momento, pueden retomar el tema del beber y enseñarle sobre lo que produce en su cerebro o pueden enfocarse en ayudarlo a resolver las áreas menos fuertes que lo llevaron a beber: presión social, inestabilidad del ánimo, necesidad de experimentar, entre otras. Si este hijo los siente cercanos y no se siente juzgado, confiará en sus padres si lo llegara a necesitar. Esto último es muy relevante, porque la mayoría de los adolescentes con relaciones quebradas con sus padres, no les piden ayuda cuando se meten en problemas.

Muchas veces, será difícil poner límites o, al ponerlos, ellos se alejarán de los padres o serán rechazados por sus pares. Me estoy acordando, por ejemplo, de un hogar donde se aceptaba abiertamente a los amigos de sus hijos y, de hecho, favorecían reuniones y juntas amistosas durante toda la etapa escolar. Sin embargo, en esa familia los límites estaban claros y el alcohol no era permitido. Cuando fueron creciendo y los jóvenes decidían que querían beber, dejaron de escoger esa casa como lugar para reunirse. Estos hijos de padres cristianos, sintieron el rechazo de sus amigos, pero sus padres no les restringieron las salidas; sino que confiaron en que lo enseñado era fuerte. Estos jóvenes con el tiempo eligieron conservar el valor que les inculcaban sus padres y prefirieron reuniones sin alcohol, donde siguieran siendo ellos y tuvieran conciencia de la situación. Consolidaron relaciones con amigos parecidos a ellos y se evitaron transitar por situaciones de riesgo. El secreto de estos padres fue haber sostenido sus creencias, pero, también, emplearon sabiduría para dejar a sus hijos conocer más del mundo, confiando en ellos, para darles la oportunidad de ver, comparar y decidir por sí mismos.

Otras veces, más que poner límites, se trata más bien, de dar espacio al error. Esto es recomendable desde que son pequeños, para llegar a la adolescencia con hijos preparados que tiendan a tomar decisiones acertadas. Esta etapa es la última oportunidad de para dejarlos errar. Aún a costa del riesgo, los padres necesitan atreverse a dar a sus hijos mayores de 18 años, un voto de confianza a sus decisiones y espacio para errores más grandes. Aunque de ello deriven consecuencias, será un poderoso aprendizaje.

En una ocasión, nuestra hija de 21 años, estaba muy resfriada. Yo sé que ella es muy deportista y que tiene una especial necesidad (no sólo es un gusto para ella en particular) de hacer deporte intenso, al menos tres veces por semana. Le sugerí firmemente que no hiciera deporte en esas condiciones a las 6 de la mañana. Yo podía haberle dicho: "No, no, no vayas". Pero a esta edad, ya he construido con ella un vínculo de sugerencias más que de mandatos. Yo anhelaba que me hiciera caso, porque suponía las consecuencias, pero sin tomar la decisión por ella, le dije: "Si te enfermas, el médico y los remedios los pagas tú". Contrariamente a mi deseo, fue al gimnasio y empeoró mucho. Sólo un día de no obedecer a su sabia madre le costó una amigdalitis y otitis muy fuertes. Días más tarde, muy astuta ella, antes de que yo despertara, se había coordinado con su papá para que la llevara al médico, quien como "papá bueno" pagó todo. Para ser honesta, no me enojé porque en el fondo me daba pena el gasto grande para su bolsillo. Pero si la hubiera llevado yo, habría mantenido mi palabra. Lo importante de esto, no fue quién pagó ni cómo lo consiguió, sino las consecuencias que vinieron con su decisión: realmente se sintió tan mal, con fiebre tan alta, tan decaída y perdió tantas cosas de valor para ella como la reunión con su grupo de la iglesia, el cumpleaños de unos amigos, tiempo de descanso, tiempo de estudio, tiempo de familia, pasear a su gatita y la semana entera sin deporte que, sin duda, aprendió la lección. Igualmente, le repetí sólo una vez que se agravó por ir al gimnasio estando enferma; en general, fui su mami amable, la cuidé (moderadamente) y le puse paños fríos a las dos de la mañana. Muchas veces, las lecciones son dolorosas pero necesarias y, muchas veces, las lecciones para ellos también tienen un costo para nosotros. Lamentablemente los seres humanos, aprendemos poco de manera vicaria, más bien lo hacemos a través de experiencias personales. Esta historia terminó bien, el costo fue tolerable para su edad y ella —muy sabia— aseguró haber aprendido la lección.

Pero es de suponer que no todas las historias terminan igual ni se tendrá el éxito asegurado. Es recomendable que los padres se enfoquen en potenciar y animar a sus hijos, creyendo y confiando en ellos; pero sin apurarlos ni disminuirlos si se equivocan. El objetivo es demostrarles un amor con límites claros y firmes, pero permitiéndoles probarse y conocer por sí mismos los caminos más convenientes, dejando que aprendan de sus propias experiencias y decisiones acertadas o equivocadas y levantándolos si caen.

Naturalmente, en esta etapa habrá posibilidad de errores más grandes y de costos mayores a los que surgían cuando eran pequeños. Es parte de vivir como adulto. Así también nuestra vida de adultos es para nuestro Padre una gran posibilidad de error. De hecho, quizás hemos pasado la mayor parte de nuestra vida equivocándonos y fallando, y Él ¡no se rinde! Siempre nos da un nuevo voto de confianza y la mano para levantarnos. Él espera que hagamos lo mismo por nuestros hijos.

A esta edad necesitan con urgencia ser afirmados en su valor e identidad, ayudándolos a ver más allá de lo que ellos ven y a no caer en el error de sustentar su identidad y valor en aspectos frágiles, como en su físico, sus habilidades, su popularidad, su arrastre con las personas, su inteligencia, su capacidad deportiva o cualquier otro talento. Ellos requieren que los incitemos a "verse" más allá de lo externo. Precisan que les mostremos que su valor viene de ser los Hijos amados de Dios y amados por sus padres. Son personas especiales y valiosas no por lo que tienen, logran o hacen, sino porque simplemente "son". Sin embargo, aunque se lo digamos y mostremos una y otra vez o les demos la evidencia de la muerte de Jesús por ellos, a esta edad puede costarles asimilarlo. Será un proceso que lleguen a renunciar a los tipos de valor que asigna la sociedad, hasta asimilar el valor que tienen en verdad; un proceso en el que alcancen una madurez que les permita dejar de enfocarse en la aprobación de otros y de Dios, para disfrutar simplemente ser quienes son y sentirse amados, aceptados y valorados por Dios y por ellos mismos. En ocasiones, esto puede resultar más difícil para los padres que para las madres, porque ellos tienden a sentir la mayor presión que la sociedad les pone encima, como expectativas económicas y de posición. Incluso, puede ser que este peso lo traspasen con mayor fuerza a los hijos que a las hijas.

Recomiendo procurar que las propias expectativas vayan alineadas con lo que los hijos anhelan (sus propios sueños), con lo que Dios les muestra y con lo que Dios te revela a ti. Esto requiere alinearte con los planes de Dios y los proyectos de tus hijos. Ciertamente, esto pudiera implicar renunciar a los propios sueños para los hijos. Pero vale totalmente la pena el esfuerzo, porque ellos fueron creados por Dios por y para un gran propósito, no para alcanzar los sueños que tú no lograste o para que te veas realizado a través de ellos. Éste es *su* camino y contigo y con su Padre al lado, todo será para bien.

En esta etapa necesitan también ser entrenados en los aspectos prácticos de la vida: enseñarles el manejo financiero a través de lo que administran (una mesada, pagos por trabajos menores o sueldo formal); permitirles que se entrenen en negociar, dejándolos a veces ganar; ayudarlos a resolver conflictos para que sepan hacerlo con otros también; apoyarlos para sacar una licencia de conducir aunque no tengan auto; animarlos a postularse a universidades o institutos de formación superior aunque escasee el dinero para pagarlos. Si la fe está puesta en el Padre, nada les faltará a los hijos. Es valioso enseñarles que para Dios no hay situaciones imposibles. Los padres y madres de fe, lanzan a sus hijos más lejos y los hacen llegar a niveles mayores. Con esto no me estoy refiriendo a lo grande para esta sociedad, sino a lo grande para Dios, que sería lo particular que soñó para ellos.

Mientras sueñas algo grande para ellos, mantén expectativas reales sobre el proceso. Asume que se equivocarán, que no serán triunfadores en todo o que no llegarán a la meta sin tropiezos ni heridas. A diferencia de lo que nosotros pensamos, el valor mayor no está en la meta final, sino en el recorrido a ella. Sé consciente de que su caminar es la meta misma para Dios: mientras tu hijo avanza, Dios modela su corazón. Para Él la meta es conocida, el proceso es lo que le importa. Independiente de las circunstancias que les toque vivir a tus hijos, el Padre siempre las aprovechará para formarlos y pulirlos, hasta llegar a ser el diamante que soñó.

La distancia real que toman los hijos en esta edad puede ser una brecha difícil de vencer para muchos padres —quizás más que para las madres—, los que además, suelen haber pasado menos tiempo con ellos y han llegado a conocerlos menos. Es especialmente difícil si al mismo tiempo son menos hábiles para conectarse o comunicarse de manera profunda. Pueden, por ejemplo, llegar a casa y, si no son saludados por el adolescente que está atrapado por su equipo musical o su juego de video, les cuesta avanzar y dar el primer paso y, cuando logran darlo, les aparece una respuesta mecánica del tipo "hola" y quedan paralizados por la frialdad de la situación y atorados detrás de la barrera sin poder derribarla. Con estos hijos que parecen mal educados, descorteses, distantes, desinteresados, poco cariñosos y egoístas, puede resultar muy complejo relacionarse. Los padres —o las madres si aplica— pueden sentirse tan incapaces y tan desalentados, que hasta pueden enojarse con ellos y tender a mirar sus defectos sin valorar sus logros o cualidades. Responden a la distancia con más distancia, se vuelven más críticos y se inclinan a corregir desde la posición de mayor poder que encuentran. Todo esto puede dañar aún más la relación ya agrietada con el adolescente.

En algunos casos, es posible encontrar en las madres mayor posibilidad de conexión. Ellas pueden comprender, empatizar y contener si es necesario. Además, pueden ser hábiles para escuchar activamente, es decir, ayudándolos a comunicarse a través de preguntas o de la repetición de sus mismas frases para favorecer que la comunicación siga fluyendo y sea profundizada, satisfaciendo la necesidad de los adolescentes de ser escuchados y ayudados a comunicar lo que tienen dentro. Esto es útil para los hijos en esta edad, porque suelen estar muy confundidos y puede costarles desenredar lo que sienten y piensan, lo cual se logra hablando. Algunos padres también pueden ser hábiles en la comunicación y, si no lo son, pueden desafiarse a aprender cómo hacerlo.

Al igual que durante la etapa anterior, las madres pueden errar, a menudo más que los padres, al sobreprotegerlos o no dejar que sus hijos vivan los resultados de sus malas decisiones, pues desean evitarles el dolor, la incomodidad o el fracaso. Es recomendable no olvidar que éste es el último periodo en que los hijos podrán entrenar la habilidad de decidir, equivocándose a un costo relativamente bajo, como perder un año académico, un ramo, una carrera, un bien o una pareja. Si no aprenden ahora, sus malas decisiones en la vida adulta lo pueden llevar a costos mayores, como por ejemplo perder su familia, su trabajo, un bien mayor o relaciones significativas.

Como esta etapa implica el desafío de la consolidación de la identidad, se hacen muy relevantes las características que trasmiten el padre y la madre a sus hijos e hijas. Las madres son las encargadas de transmitir a las hijas una concepción sana de la femineidad y de la maternidad; de formar en sus corazones el ideal de procurar respetar al esposo y fundar calor de hogar y la unidad de sus miembros; de modelar un corazón capaz y dispuesto a sujetarse y a mantener lazos de amistad fuertes con otras mujeres que caminen a su lado; de tener respeto por ella misma y capacidad para cuidarse y hacerse respetar. Las madres son las que evitan que las hijas les teman a los hombres o los odien y que se crean mujeres superpoderosas e invencibles, o bien, figuras pobres e indefensas, incapaces de caminar sin ayuda. Todas éstas son mentiras sociales. La verdad de Dios para las hijas es que son amadas, que son vaso frágil y a la vez fuertes guerreras.

Asimismo, las madres son las encargadas de transmitir a los hijos varones que la hombría no es gritar más fuerte, sino amar con un corazón de servicio. Ellas les enseñan a relacionarse con otras mujeres de manera respetuosa, con cuidado y asignándoles el valor de hijas del Padre. Los instruyen a cooperar en vez de abusar, a pedir en vez de tomar y a comunicarse sin devaluar. Ellas despiertan en sus hijos el amor paternal que los hará padres amorosos y cuidadores; despiertan el corazón del esposo fiel que ama con amor intachable , considerando a la mujer como digna de valor y respeto y no como una figura sexual, como la sociedad la tilda.

Por su parte, los padres son los encargados de despertar en sus hijas una adecuada estima, valor propio y seguridad en quiénes son y cómo se ven. Ellos, con su mirada paternal y de admiración y con sus palabras de valor, las llevan a sentirse verdaderamente lindas, apreciadas y miradas con respeto. Si su padre las ha mirado así y las ha visto lindas, ellas están listas para esperar y buscar lo mismo de parte de sus pololos: una mirada de admiración con respeto y valor. No se contentarán con menos, sabiendo quiénes son. Si el padre no les entrega esa mirada, pueden sentirse inseguras y quedar vulnerables a buscar la admiración, aprobación y cariño en otros hombres, llegando a pagar a veces altos precios para obtener aquello que les falta. Los padres también, al respetar a la madre, modelan un ejemplo del ideal que es posible esperar de su propio matrimonio y del trato de sus esposos para con ellas.

Son los padres quienes modelan en el hijo la valentía, la hombría, la ambición puesta en la acción a manera de lucha, tenacidad, espíritu de superación y fuerza. Sin embargo, los padres sabios también modelan un corazón de hombre que se "sujeta" al Padre con humildad. No hacen lo que quieren, sino que siendo llamados a ser cabeza se mantienen sujetos al Creador. Asimismo, son siervos de sus esposas y las aman con ese mismo amor de servicio modelado por Cristo. No son hombres que usan su fuerza y poder para amedrentar o derribar a otros, sino para vencer circunstancias y adversidades. Ponen su corazón a los pies de Dios y descansan en sus fuerzas

Esta maravillosa edad es el último tramo del camino de los hijos en que es aún posible moldear e incluso derribar antiguas estructuras o aprendizajes equivocados, para construir nuevos cimientos. Es un periodo flexible que no podemos desperdiciar para corregir, sanar y pulir a la manera que Dios quiere.

Si estás luchando con un adolescente o te sientes inhabilitado para corregir o terminar de formar lo que he expuesto, te animo a buscar incansablemente la guía de Dios y, de ser necesario, la dirección sabia de otro cristiano o profesional del área.

Es en extremo importante resguardar a los hijos de la vulnerabilidad de esta etapa y, a su vez, aprovechar la oportunidad que da la plasticidad de sus cerebros aún en formación. No permitas que el pesimismo te deje en el piso: los pensamientos negativos nunca vienen del Padre, porque Él es la esperanza y la vida.

6. Adultez

Esta es la desafiante etapa de la separación y el "destete" final. Puede ser la etapa más difícil para algunos padres, en especial, los que construyeron su vida fundada en los hijos, sin haber invertido en sus vidas de pareja o sus sueños personales. En esta etapa, son los padres los que dan el "pase" para volar. Pero, lamentablemente, muchos nunca lo terminan de dar o lo condicionan, o bien, lo dan, como digo yo, "con elástico", trayéndolos rápidamente de vuelta con chantajes inconscientes.

Dejar volar a los hijos requiere de mucha valentía, madurez y fe. Valentía porque es el tiempo de poner "a prueba" lo que sembraste y de ver cómo ellos se desenvuelven sin tu ayuda. Madurez porque requiere asumir el propio proyecto de vida, que debe ser más que el rol de padre o madre. Fe porque requiere entera confianza en que el plan de Dios se hará real para la vida de los hijos, aunque no parezcan verlo, y en que Él se encargará de ellos sin tu ayuda.

En el último trecho que te queda, antes de que enfrenten el vuelo, tus hijos necesitan que les aportes las últimas herramientas para el camino que están emprendiendo. Esto puede ser entrenamiento práctico y superior en finanzas, en administración, cocina, cuidado personal, cuidado de la casa o cualquier aporte que se haga evidente, de lo que observen que estén necesitando para su vida. Después de volar, puedes seguir aportando herramientas prácticas de aquello nuevo que venga a su vida y que veas que necesita, como la paternidad o consejos matrimoniales; pero siempre este aporte, si ya ha volado, debe ser guardando la distancia que tu hijo establezca.

Es recomendable que consideres el valor de sus espacios personales y la importancia de respetar sus decisiones, cualesquiera que éstas sean, incluso si ellas terminaran en desastre; puesto que se están entrenando para hacer su propio camino. En esta etapa, si se equivocan, lo ideal es acompañarlos y escucharlos, pero no resolverles sus errores.

También precisan de la oportunidad para ser pareja y hacer prosperar esa relación de la mejor forma posible. Puedes aconsejarlos si lo piden, pero ya no es conveniente entrometerte y decirles cómo actuar. Idealmente, si pelean con su pareja, la casa paterna no debe ser el refugio ni la trinchera. He visto padres que, no contentos con la elección de pareja de sus hijos, los desalientan a la primera pelea, los reciben en casa y les impiden sacar las garras para luchar por esa relación.

Los padres de hijos adultos requieren de gran sabiduría para ser capaces de acompañar sin rescatar o dar ayuda concreta, sin reemplazarlos en sus tareas. Por ejemplo, si los hijos quedan sin empleo o se divorcian, no es apropiado que se les rescate ofreciéndoles la casa para sanar y reiniciar su vida. Porque, de hacerlo, ésta se convierte en lugar de la derrota, en vez del lugar del encuentro y el consuelo, donde recobran fuerzas, son alentados y empoderados y donde se cree en su capacidad de superación. A algunos padres les pueden parecer extremos y radicales estos pensamientos, pero yo veo evidencia bíblica en ellos; también tengo evidencias, desde la experiencia clínica, de resultados nefastos por salvavidas innecesarios de parte de los padres.

El más claro modelo de padres que dejan volar, para mí, son María y José, los padres de Jesús. Creo que no hay posición más difícil para un padre y madre que aceptar la decisión de su hijo de seguir su camino, aceptando incluso que éste lleva al sacrificio de la muerte. Una vez que Jesús se fue de la casa materna, imagino a María y a José orando por él, pero jamás los vimos siguiéndolo o diciéndole cómo debía actuar. Ellos vieron que él tomó su camino y lo dejaron avanzar adonde Dios claramente lo llamaba.

María era una mujer de fe y ella había atesorado todas las promesas del Padre para la vida de su hijo; por eso, le fue claro que debía dejarlo avanzar hacia Él. Ella no trató de disuadirlo ni de retrasar sus procesos sino, por el contrario, lo animó, lo alentó y hasta aceleró sus pasos, como en las bodas de Caná, cuando lo impulsa a hacer un milagro, aun cuando Jesús sentía que todavía no era su tiempo ni estaba listo. Ella sí creía que era tiempo y lo lanzó a cumplir su propósito. Me pregunto: ¿Qué hubiera pasado si María no hubiera actuado con tanta sabiduría? Probablemente, el inicio del ministerio de Jesús se hubiera retrasado.

A algunos hijos, el no avalar su vuelo cuando están listos, les transmite el mensaje implícito de que no pueden, por lo que detienen un proceso o impiden que se inicie a buen tiempo un paso que estaba en el corazón del Padre. Por eso, María es nuestro mejor modelo: una madre que sabe que ya es tiempo de lanzar a volar a su hijo; que confía en él aunque él mismo no confíe; que ve lo que Dios ve, no lo que ve la circunstancia.

Nuestra hija mayor va transitando en este último tiempo desde la adolescencia hacia esta última etapa: la vida adulta. Está de novia y se casa en algunos meses, finalizó hace 2 años su carrera de diseño de vestuario y ha emprendido —junto a su socia— un negocio desde el año pasado en la misma área. Ha tenido que sacar garras y aprender muchas cosas que no había aprendido en la universidad. La he visto feliz, entusiasmada y con mucha energía, así como también la he visto llorar, estar desanimada y sentirse fracasada. Realmente ha hecho más de lo que he visto a muchos hacer a tan corta edad, pero no ha sido fácil.

Hace poco estaba postulando con su socia al arriendo de un local en un *mall* santiaguino que se caracteriza por la moda de diseñadores independientes. Era el sueño de ambas desde hacía tiempo. Pero postulaban y nada resultaba, puesto que no calificaban por tener una empresa demasiado joven. Con mi esposo las respaldamos como avales y con un préstamo, pero aun así veían que las puertas no se abrían. El mágico día en que la vi con los brazos abajo y destruida, pude decirle que Dios la amaba y que en este tiempo estaba trabajando con su corazón. Que era necesario que confiara en sus tiempos y que entregara a Él su afán de control. A la mañana siguiente, aún sin la respuesta favorable del último local que hasta el momento no las había rechazado, comencé a tramitar su crédito y literalmente llegó el momento de apretar el botón de "acepto", que implicaba para ellas un compromiso económico enorme, sin saber si tendrían o no el arriendo.

Creo que Dios me llevó a través de su Espíritu Santo a animarla, a creer y confiar. Le dije que era un paso de fe y que Dios esperaba que lo diera para respaldarla. Ella misma apretó el botón y esa misma noche recibieron la noticia: la dueña las esperaba al día siguiente para una reunión. Mi esposo la acompañó y él tuvo la sabiduría para defenderla y destacar el potencial de su negocio. Era su padre terrenal siendo la voz de su Padre Celestial que la respaldaba. Esa noche les avisaron que les arrendaban el local: fue maravilloso comprobar que Dios nos guía y nos respalda como padres. Este es un ejemplo de cómo los hijos transitan hacia la adultez. No se trata de empujarlos del nido y punto. Es un proceso en el que se los entrena, se los equipa, se los alienta y se los empuja también a avanzar a sus tiempos. Pero si no se los empuja, no vuelan. Si no hubiéramos animado a nuestra hija, se habrían estancado en su negocio.

Esta etapa, implica darles a los hijos el espacio para ensanchar sus fronteras y eso no se lograría con dependencia innecesaria, amarras o chantajes. He visto padres y madres que, por su propia inmadurez, sus vidas no resueltas o dependencia hacia sus hijos, no pueden soltarlos verdaderamente y, de algún modo, muchas veces sin siquiera darse cuenta, los amarran económica, logística o afectivamente. Por ejemplo, dejándolos atados a compras de inmuebles a medias con ellos, impidiendo que emprendan la compra de sus propias viviendas o bienes; haciéndoles sentir que requieren su asistencia y que necesitan que vivan con ellos, impidiendo que libremente puedan emprender sus vidas de pareja; poniéndolos "a cargo" de algún problema familiar de ellos o de algún otro miembro, dejándolos comprometidos o atados emocionalmente; o haciéndoles heredar en vida los negocios de la familia, impidiendo que generen su propias estrategias para ganar su sustento.

No siempre el proceso de "ensanchar las fronteras" sale positivo. Con todo lo duro que parezca, se les debe dejar errar. Desde mi experiencia clínica, he visto a padres tomar decisiones valientes tan dolorosas como dejar a hijos escoger caminos delictuales, contrarios a la moral, o adictivos, que llevarían a sus hijos al fracaso o al dolor. Aun así, su decisión admirable de no intervenir en el momento en que "ya no deben intervenir" les ha dado paz. Los padres no pueden cargar con sus vidas y la vida de sus hijos adultos. El tiempo de la dependencia ya pasó y, en esta etapa, las consecuencias de sus actos deben recaer solamente en ellos.

Los padres y madres pueden enfrentar desafíos diferentes. Es usual que, en especial a las madres, les sea difícil estar presentes en la nueva agenda de sus hijos sin invadir sus espacios o controlar sus vidas. Por ejemplo, les cuesta visitarlos en su casa nueva sin cocinarles, hacerles aseo o darles instrucciones de cómo hacer mejor las cosas. Las madres serán de mayor ayuda en esta etapa cuando se enfoquen en entregar solamente lo que se les pide, siempre y cuando no intervenga con sus procesos de adultos responsables de sus vidas. De esta forma, no es adecuado que asuman el rol de madres de los hijos de sus hijos, sino que sean las abuelas, aun si apoyan directamente en su cuidado. Será clave mantenerse en el rol de "ayudantes" secundarios, respetando las indicaciones de sus hijos, para que ellos ejerzan verdaderamente el rol de padres que les corresponde.

Los padres, más frecuentemente que las madres, pueden tender a ver a los hijos tan grandes e independientes que terminan respetando tanto el espacio personal de ellos, que se alejan demasiado. Es conveniente evitar que esto ocurra, porque su presencia y cercanía alienta a los hijos. Ellos son los más hábiles para lanzarlos más lejos y pueden alimentar sueños o ser fuertes para decirles: "Vamos levántate, no fue nada grave", igual que cuando eran pequeños. Los padres cercanos pueden ser en esta etapa una especie de mentores o inspiradores. Es profundamente necesario que los hijos reciban en esta etapa ánimo para seguir avanzando.

También es el rol de los padres y madres transmitir el mismo rol a la nueva generación. Para algunos, resulta más fácil ser abuelos, porque suponen que no demanda dureza, sino ser complacientes y consentidores, y eso siempre es un agrado. Sin embargo, aunque sientan que no lograron ser los padres que sus hijos necesitaban, tienen autoridad para aconsejarlos bien ahora que ellos lo son padres. Pueden ayudarlos a pensar sobre los puntos en que sienten que fallaron y estar atentos para mostrarles si llegan a repetir patrones. Siguen siendo un referente de sabiduría y no es prudente alejarse ni dejar de ser padres para convertirte en abuelos.

Como dije antes, la tarea de ser padres o madres, no se acaba, simplemente va cambiando. No obstante, puede que sea el último periodo de la vida en el que se sientan con la energía y la capacidad para dar ellos algo a sus hijos. Al final de esta etapa y como la vida es un ciclo, se irán sintiendo más cansados, menos hábiles y más desvalidos y, sin darse cuenta, empezarán a necesitar de los hijos más de lo que podrán darles.

Yo te aconsejo que seas sabio para enfrentar estos cambios y que te prepares. No dejes pendientes a tus hijos sobre decisiones que tú puedes aún tomar. No desistas rápido de tus capacidades ni creas las mentiras de la sociedad que te describen como inservible o desechable. Por el contrario, es una etapa de mucha riqueza que puedes aprovechar al máximo. Puede haber restitución para todo aquello que no salió bien cuando tus hijos eran pequeños, puede haber perdón y reconciliación para todo aquello que se rompió en años anteriores y puede haber germinación de cosas nuevas que aprendas en esta etapa más madura de tu vida.

ETAPA	EDAD	NECESIDAD DE LOS HIJOS Y SU COBERTURA
Gestación	Antes de nacer	*Ser provisto de un ambiente intrauterino saludable y tranquilo. Necesita ser deseado, esperado y amado.*
Lactancia	RN a 2 años	*Ser calmado y confortado. Necesita recibir la pronta y acertada respuesta de padres sensibles, conectados emocionalmente con él.*
Infancia Temprana	2 a 5 años	*Ser comprendido, respetado y aceptado incondicionalmente. Necesita ser contenido cuando se desregula, que se le enseñe lenguaje emocional y que se le entrene a tolerar la frustración.*
Infancia Media y Tardía	6 a 11 años	*Ser validado, valorado, aprobado y animado. Necesita que se le ayude a lograr un firme sentido de capacidad y competencia y una sana idea de sí mismo.*
Adolescencia	12 a Independencia total	*Ser comprendido en su inestabilidad y aceptado en su búsqueda de diferenciación. Necesita sentirse más dueño de su vida a la vez que es suficientemente protegido.*
Adultez	Resto de la vida	*Ser entrenado para la vida. Necesita que se le empuje a volar y se le permita aprender a gestionar su propia vida.*

VIII. UN MENSAJE PARA TI

"¡Pues el Señor concede sabiduría!
De su boca provienen el saber y el entendimiento".

Proverbios 2:6
Nueva Traducción Viviente (NTV)

En el 2017, mi pastor me invitó a participar de un "retiro de silencio" que organizaba el ministerio de Intercesión de la Iglesia Viña Pucón. Sin saber nada más que la fecha, dije que sí. Estaba muy emocionada y sentía que era Dios mismo quien me invitaba a sus brazos. Fui a muchos retiros en mi vida, pero éste los sobrepasa a todos. Hay un antes y un después, porque Dios me enseñó muy directamente tantas cosas, sólo por callar y disponer mi corazón a ser ministrada por Él mismo. Cada uno lleva y vive sus propios procesos, cada persona tiene su propio camino de crecimiento. Ése era mi momento para que Dios me llevara a dar un salto mayor.

Lo que quiero compartirte ahora es una de las muchas cosas que Dios me habló en aquel retiro. No es algo que solamente deba aplicar a mi vida o algo para que yo me guarde como valiosa información, una revelación íntima más. Sino que, precisamente, es un mensaje tan práctico, preciso y dirigido a ti, padre o madre que crees en Dios, que no me lo puedo guardar.

Los días que siguieron al retiro, me sentía como una olla a punto de explotar y, de hecho, tuve que organizarme de manera más efectiva para materializar el llamado que Dios ya me había hecho de escribir un libro. Este nuevo mensaje reorganizó todo lo que había pensado, puso en pausa algo que ya estaba escribiendo y me movilizó a comenzar por aquí, el libro que ahora estás leyendo.

Ya he compartido de manera directa este mensaje con algunas personas cercanas y con padres cristianos de dos iglesias y un colegio. Pero Dios mismo me ha dicho que me tiene en pausa en varios aspectos de mi vida laboral, para que este mensaje quede plasmado de un modo que esté al alcance de todos.

Yo no soy nadie importante, no tengo un ministerio de padres, ni un cargo de liderazgo que edifique a padres. Pero Dios ha decidido disponer de todo lo que soy y lo que tengo para animarte, para fortalecerte, para que no te pierdas entre tanta mentira que se ha alzado para atentar contra la familia y te levantes como el padre o madre que Él ha soñado que seas.

Una tarde, mientras descansaba en el retiro de silencio, sentí que Jesús me llamaba con mucho interés y ánimo: "Ven, tengo algo que mostrarte". Obedientemente salí de mi cuarto, bajé las escaleras y salí rumbo a un camino campestre. Debo haber recorrido una o dos cuadras y me detuve porque un árbol gigante llamó mi atención. Un árbol imponente, altísimo, rodeado de muchas flores silvestres. Frente a mí, hacia la derecha, contemplé unos sembradíos lejanos, no sé de qué.

Entonces, sentí que Dios me preguntaba tan claro:

—¿Cuál es la diferencia entre el árbol frondoso o las flores silvestres y las plantaciones de hortalizas o frutas?

Yo no tuve tiempo para responder en mi cabeza y continuó:

—Que este árbol y las flores silvestres no necesitan ayuda humana para dar lo mejor de sí. Lo hago yo con el viento y la lluvia, a mi entera voluntad.

Dios me estaba mostrando a través de esa maravillosa naturaleza, lo grande y lo autosuficiente que es. Sin embargo, ahora veo que también me quería mostrar su maravillosa naturaleza relacional y cómo nosotros somos parte de su plan. Me dijo:

—Pero las plantaciones necesitan ayuda humana para dar lo mejor de sí. La mata de tomate, por ejemplo, quedaría en el suelo y los tomates se podrirían.

Hizo una pausa que me dio tiempo para recordar que mi pastor me había hablado hace poco de las plantaciones de tomate y que si éstos no reciben cuidado quedan regados por el suelo y el fruto se pierde. Dios me dijo algo que llegó directo a mi corazón, a mi área más sensible, a lo que es mi pasión de servicio:

—Los bebés y los niños son como esas plantaciones de tomates o las parras de uvas. Yo necesito a los padres para...

Dios me estaba diciendo que Él, soberano y perfecto, habiendo podido dejar su creación más amada (nosotros) en sus propias manos para que directamente Él la hiciera crecer; eligió, más bien, crearnos desde un inicio dependientes, poniéndonos a cargo de otros seres humanos llamados papás y mamás, que estarían trabajando juntamente con Él para que cada uno llegara a cumplir su sueño. Mi única expresión era "¡guaaauu!...", como sintiendo de repente su propósito, su llamado, el gran valor que nos ha asignado y el gran honor de trabajar a su lado. Él..., escucha esto: Él "nos necesita a su lado". ¿No te hace eso sentir como maravillosamente importante? ¿No despierta en ti el deseo de responderle "sí" a cualquier petición siguiente? Sinceramente, no estoy segura de si tuve tiempo de pensar todo esto en ese momento. Sólo estaba emocionada e impactada. Con el tiempo, he podido reflexionar sobre el significado de su mensaje.

Retomando, Dios continuó:

—Yo necesito a los padres para que preparen la tierra, siembren la mejor semilla y rieguen la tierra. Yo daré el fruto, el tomate y la uva, en su mejor tiempo. Pero quiero a los padres trabajando para mí, para que mis pequeños lleguen tan lejos como yo soñé.

Esta frase, tan potente, me llevó un buen tiempo de masticación. La repetía en mi cabeza: "Preparen la tierra, siembren la mejor semilla y rieguen la tierra". Me estaba dando las instrucciones directas de lo que debíamos hacer como padres y madres. Tan sólo tres cosas eran nuestra tarea y Él, sólo Él, sería el encargado de dar el fruto en su tiempo. No más peso para nosotros, no más culpa, no más comparaciones ni críticas entre unos y otros, ni juzgarnos dándonos el reconocimiento o la humillación según el fruto que dan nuestros hijos. No más de cargar con el peso de los resultados que obtengan en sus vidas, porque el verdadero sueño para ellos viene de parte de Dios. Una declaración verdadera y definitiva: Él tiene sueños para nuestros hijos y su realización final depende de Él y no de nosotros. Aquél que lo creó todo de la nada, aquél que es soberano y perfecto, aquél que es tan poderoso y digno, nos eligió y eligió a nuestros hijos, nos llamó y nos está invitando a cumplir con un cometido sin comparación.

Veo, además, un llamado relevante y especial para los padres de este tiempo, porque continuó diciéndome:

—Ese fruto será alimento para muchas generaciones.

Tengo una sensación de apremio. Tomo consciencia de que los padres de hoy van a impactar a una siguiente generación que dará frutos para las siguientes. Como si Dios estuviera hablando de un cambio que necesita hacerse ahora, pero cuyos resultados se verán en el futuro. Si todos pudiéramos responder a la invitación del Padre, de preparar la tierra, sembrar la mejor semilla y regarla, nuestros hijos darían un fruto sin precedentes. Una generación dotada de las mejores herramientas emocionales, relacionales y de la mayor verdad sembrada en lo más profundo de sus corazones. Suena tan potente, tan maravilloso, tan tremendamente relevante. Yo quiero ser esa madre llamada, yo sí quiero trabajar en conjunto con el Padre, yo sí quiero responder a su llamado. ¿Y tú?

Dios me habló más. Me dijo:

—Hay un momento en que mis hijitos dejan de ser como las plantaciones y son más como el árbol y la flor silvestre. No necesito tu ayuda todo el tiempo. Después, sólo mi voz y mi cuidado hacen crecer y florecer. Ellos rendidos a mí, por el cuidado que un día les diste.

Esto reafirma que nuestro trabajo cambia en un momento de sus vidas. Tiendo a creer que Dios se refiere a que hay un momento personal para cada hijo, en que ellos comienzan a reconocer la voz directa del Padre y, una vez que la oyen, Su cuidado directo y personal hace crecer y florecer. Y la última parte de su mensaje: "Ellos rendidos a mí, por el cuidado que un día les diste", me habla directo al corazón, es como si Dios nos mostrara nuestra mayor recompensa: que nuestros hijos se rindan a Él por el cuidado que les dimos. Quiero ver ese día y quiero verlo aquí en este planeta, mientras viva. Quiero, con todo mi corazón, ver ese momento y pido a Dios que me ayude a cumplir con su encomienda, para que ese día llegue ante mi vista.

Queridos padres, nada es más importante que favorecer que los hijos lleguen a casa del Padre. ¡No te confundas! No centres tu atención y tu energía en que tus hijos alcancen el éxito económico, profesional, admiración social, competencias, habilidades o belleza física. Si vienen estas cosas, estarán al servicio del objetivo más importante: la rendición del corazón de tus hijos al Padre. Dios te ha llamado y Dios te dotará de todo lo necesario para alcanzar tu misión si así lo decides.

Este mensaje que Dios me transmitió para que lo comparta con ustedes, confirma una verdad que ya me había sido revelada pero de la cual no tomaba aún clara consciencia: No somos los protagonistas, sino los ayudantes de Dios. No se trata de nosotros pidiendo ayuda a Dios para ser buenos padres, sino que pidiéndole ayuda para alinearnos con sus perfectos planes para Sus hijitos. Es central y clave cambiar nuestra perspectiva para dejar que Él haga la obra y nosotros seamos los facilitadores de ésta. Todo se trata de aprender a ser sus hijos y modelar la misma relación que tenemos con Él.

Los días y meses siguientes, he seguido aclarando las ideas y Dios me ha guiado para ordenar toda la información que recibí antes. Será materia de mis futuros escritos abordar, punto a punto, las tres tareas específicas que Dios nos pide: preparar la tierra, sembrar la mejor semilla y regar la tierra. Me siento llamada a esto y asumo el desafío de acompañar a los padres que lo deseen en este camino maravilloso, a la manera de Dios.

Antes de terminar este primer libro, quiero compartirte ciertas ideas que tengo sobre lo que significa estar enfocado en hacer la tarea de padres a la manera de Dios, lo que he llamado "andar en su vereda" o, por el contrario, haber perdido el rumbo y andar "en la vereda del frente". Utilizo estos términos, que tomo prestados de una mujer que admiro mucho y que me instruyó en un tiempo de discipulado, aplicados aquí a cuando dirigimos o no nuestra vida como Dios quiere.

IX. EN SU VEREDA

Deuteronomio 5:33
Nueva Traducción Viviente (NTV)

Dios me ha aclarado varios puntos sobre su paternidad y mi maternidad. Primeramente, me ha dado la convicción de que nada en la relación que tengo con mis hijos debe ser diferente a la relación que Él tiene conmigo. Claro que guardando las proporciones, porque Él es un Padre perfecto y claramente yo no. Entiendo que me llama a ser con mis hijos de la manera que Él es conmigo, pero que soy entrenada a hacerlo día a día. Su ejemplo es el faro y la relación de Dios conmigo es el modelo.

También he comprendido que si al Padre le importa tanto que me relacione con Él, que lo busque, que confíe, que aparte tiempo para estar con Él, del mismo modo anhela que "mis hijos" lleguen a Él. Entonces, puedo favorecer intencionadamente que su camino al Padre fluya y prospere, si estoy disponible cuando mis hijos me buscan y logro ser una madre confiable. Yo puedo modelar una relación cercana, amorosa y de confianza.

> 13 "Ustedes son la sal de la tierra.
> Pero si la sal se vuelve insípida,
> ¿cómo recobrará su sabor? Ya no
> sirve para nada, sino para que la
> gente la deseche y la pisotee".
>
> *Mateo 5:13 (NVI)*

Podríamos entender estas enseñanzas de Jesús en Mateo 5:13-14, aplicadas a la paternidad como si nos dijera: "Ustedes padres son la sal de la casa; no se vuelvan insípidos, por el contrario, sirvan para algo salando la vida de sus hijos". Ser sal en la vida de los hijos significa darles lo esencial y preservar sus corazones. Significa que con un mínimo esfuerzo (una pizca de sal) podemos impactar sus vidas completas. Así, por ejemplo, como he comentado antes, estudios sobre infancia avalan que los vínculos tempranos que establecen los niños tienden a replicarse en sus vidas adultas. Finalmente, significa vivir el evangelio y no ser insípidos en nuestro camino de padres cristianos.

> 14 "Ustedes son la luz del mundo. Una ciudad en lo alto de una colina no puede esconderse. 15 Ni se enciende una lámpara para cubrirla con un cajón. Por el contrario, se pone en la repisa para que alumbre a todos los que están en la casa. 16 Hagan brillar su luz delante de todos, para que ellos puedan ver las buenas obras de ustedes y alaben al Padre que está en el cielo".
>
> *Mateo 5:14-16 (NVI)*

Así también, en el versículo 14 podríamos entender que nos dijera: "Eres una luz para tus hijos, no te guardes en un cajón donde no te vean, sino que alumbre donde todos vean; para que tus hijos puedan ver tus buenas obras y alaben al Padre que está en los cielos". Es central considerar que no se trata de brillar y ser ejemplo para ser admirados, sino para ser el reflejo del amor de Dios y que los hijos lleguen a conocer al verdadero Padre que nos sustenta. Ser luz para nuestros hijos es reflejar a Jesús en el diario vivir y también es alumbrar su camino, ser la guía para que no tropiecen y no se pierdan en las tinieblas.

Para mí, "andar en su vereda" es **no perder de vista que hemos sido llamados a ser la sal y la luz para la vida de nuestros hijos.** Especialmente, cuando todo en este mundo, en esta vida y en estos tiempos, intenta apartarnos del camino: el escaso tiempo, la vida estresada, las distracciones, la falta de modelos parentales, la cultura antifamilia que intenta influir en nuestros hijos.

No puedo dejar de pensar en muchos padres que he conocido, que en forma voluntaria renuncian, derriban y se apartan de lo habitual o esperado y luchan, haciendo lo que sea necesario, para conseguir ser los padres que sus hijos necesitan; como por ejemplo, privilegiando a toda costa la relación con sus hijos por sobre cualquier otra cosa. He aprendido mucho de sus visiones intuitivas que, incluso sin saberlo, modelan relaciones en dirección al Padre. Recuerdo a una madre que, como su trabajo no le permitía llegar más temprano a casa, prefirió disminuir las horas sueño de sus niños, a fin de tener diariamente un encuentro profundo con ellos. A diferencia de sus compañeras de trabajo, que podían pasar la semana entera sin ver a sus hijos, ella comprendía que lo esencial que había que rescatar y cultivar era la relación.

A través de toda la Biblia, se destaca la relación de amor que Dios quiere tener con su pueblo, es decir, con nosotros sus hijos. Si la relación es lo más importante de la vida de padres, el costo son muchas luchas y renuncias. Dios hizo justamente eso, luchas y renuncias, para recuperar nuestra relación con Él. De modo que, andar en su vereda es **priorizar la relación con los hijos, antes que cualquier otra cosa**. Ni corregirlos, ni formar sus valores, ni buscar que se saquen buenas notas, ni nada que consideres importante es superior a cuidar la relación. Porque si la relación contigo se pierde, puede llegar a ser "un buen chico" o un buen estudiante, pero no será una persona que se siente amada sin condiciones y que pueda reconocer fácilmente el amor del Padre. Por eso, de manera tajante, asevero que lo primero que es necesario cuidar es la relación con tus hijos. Cuando esta relación esté fuerte, puedes corregir, formar y alentar a tus hijos sin dañar sus corazones.

Para mí, andar en su vereda, es **reconocerse hijo amado**. Se trata de tener una verdadera relación en la que te sabes valioso e importante, una relación con alguien que no te defraudará, dejará ni desatenderá. Una relación en la que eres visto y considerado. Saber quién eres para Dios, te lleva a anhelar estar en su presencia permanente. No es un rato cada día para orar, sino vivir la vida en consciencia de su Presencia a tu lado. Andar en su vereda es **buscar al Padre** en intimidad, querer conocerlo, leer su Palabra. Esto le da sentido a tu vida y te ayuda a vivir cada día. Buscar al Padre te ayuda a enfocarte en lo esencial y te ayuda a estar algo más cerca de ser quien Dios sueña. Cuando la vida te "traga" y lo descuidas, comienzas pronto a ver las consecuencias de no estar lleno de Dios.

Andar en su vereda es aceptar el reto de **orar por los hijos**. No desde el lugar de la obligación y compromiso legalista, sino desde un corazón lleno de amor y el anhelo profundo de bienestar para ellos. No desde el lugar de los deseos personales para sus vidas, sino desde la revelación del Espíritu Santo, en verdadera intercesión. Cuando nuestro corazón de padres busca al Padre y se alinea con Sus anhelos, algo impresionante se desata en el campo de lo espiritual. Dios escucha tu clamor cuando están en apuros y extiende su socorro, los guía, los provee, los anima, los equipa y mucho más.

Andar en su vereda es instruirme y hacer más lo que se ha comprobado que es bueno, que lo que la intuición de padres abrumados podría sugerir. Para mí no hay contradicción alguna entre la sabia Palabra de Dios y la actualizada psicología del desarrollo, de la familia y de las comunicaciones humanas. Esto aplica en general a lo más académico y científico, ya estudiado y validado; pero desde aquí hay muchas derivaciones e intentos de acomodar estos conocimientos a mensajes ideológicos, políticos, comerciales o por conveniencia. Me parece que los padres que no cuentan con una sólida formación en el conocimiento de la Palabra de Dios, pueden tener más dificultades para leer con mirada crítica y tomar lo bueno. Por eso, nuestra preparación y madurez en lo espiritual es tan relevante para ejercer una paternidad y maternidad que edifique a nuestros hijos. Por eso, creo que andar en su vereda es **instruirnos en su Palabra, además de buscar apoyo técnico bien sustentado y bien filtrado**. Revisa también tú mismo su Palabra y escudriña lo que Él te está diciendo acerca de ser padre. Luego, procura leer y aprender directamente de quienes han recorrido este camino o han sido llamados a enseñar sobre estos asuntos.

Eso es precisamente lo que siento que Dios me ha movilizado a hacer: buscar un conocimiento sólido de Su Palabra y revisar desde ahí lo que se ha demostrado hasta hoy por las ciencias de la psicología del desarrollo y la neurociencia evolutiva, para filtrar, traducir y comunicar lo que Dios quisiera que hagamos como padres. Es mi anhelo llegar a brindarte soluciones simples a problemas cotidianos y reales.

Para mí, andar en su vereda significa **ser sensibles a Su voz y estar atentos a Sus indicaciones particulares para cada hijo**. Es creerle a Él cuando dice que está con nosotros y vivir conforme a ello. Mantener una relación de intimidad con el Padre que le permita guiarnos con toda sabiduría en nuestro rol de padres, así como en todos los demás aspectos de la vida. Él quiere y puede guiarnos y soplarnos al oído todo lo que necesitamos saber para desarrollar un buen papel, edificando la vida de nuestros hijos y facilitando su caminar como cristianos. Dios es el principal interesado en que esta tarea que nos ha encomendado salga bien. No quiere dejarnos solos, somos nosotros los que tendemos a hacer el trabajo sin su dirección. Pero en el plan de Dios siempre ha estado guiarnos. Nadie conoce mejor el corazón de tus hijos que su mismo creador. Sólo Él conoce los planes de bien que tiene para ellos y sólo Él puede ayudarte a cooperar con esos sueños de manera efectiva.

Yo quedé literalmente impactada de las cosas que Dios me transmitió en ese mismo retiro acerca de mis hijos. Me dijo cosas que yo no podía haber sabido, cosas de su pasado, presente y futuro, y me dio instrucciones muy específicas y particulares sobre cada uno de ellos. Hasta el día de hoy, un año después, lo releo de vez en cuando y aún me hace sentido. Hay una mirada tan fina de su parte. Sabe tanto de lo que ellos necesitan porque sabe todo acerca de adónde van. Directrices generales sí existen, un camino sabio también se puede pesquisar con esfuerzo y dedicación; pero el certero y específico conocimiento de lo que cada hijo necesita y sería mejor para él, sólo se puede recibir directamente de Dios en una relación de intimidad.

Por último, pienso que andar en su vereda es **confiar en Dios**, realmente ser capaces de descansar en la certeza de que Él está a cargo de mi vida y la de mis hijos, y que ha prometido volver toda situación, por muy difícil que ésta sea, a nuestro favor. Significa dejar de afanarnos, dejar de esforzarnos por mantener el control, dejar de pensar que es por nosotros o a través de nosotros y, más bien, comenzar a declarar que le creo, que en Él confío, que a Él me entrego, que en Él espero, que en Él está cimentada mi esperanza sobre el futuro de mis hijos.

X. EN LA VEREDA DEL FRENTE

"El que no está conmigo a mí se opone,
y el que no trabaja conmigo, en realidad,
trabaja en mi contra".

Lucas 11:23
Nueva Traducción Viviente (NTV)

Estar en su vereda es estar en el camino que Él espera, estar en la vereda de enfrente es estar donde tú quieres estar, que no es Su camino. No necesariamente tiene que ser un mal camino, de hecho, puede que las dos veredas lleguen a un mismo destino, porque si Dios tiene un plan para tus hijos, lo va a lograr finalmente con o sin tu ayuda. Él rescata a los perdidos, redime, levanta, restaura, sana, limpia. Nada se opondrá a que tus hijos lleguen a sus brazos. No obstante, Él ha soñado hacerlo a través de ti y con tu ayuda.

Para mí, estar en la vereda del frente es **estar y andar lejos del Padre**. Cuando en tu vida personal no estás y no andas cerca del Padre, no llegas a sentirte seguro ni amado. Recuerdo una ocasión en que Dios me mostró una imagen de alguien —asumo que era Él o un padre— que iba caminando en escalada en un bosque. Me llevó a poner atención en las huellas que él dejaba al avanzar, indicándome que yo tenía que poner mi pie de niña sobre sus huellas. Sentí que me mostraba que cuanto más cerca de él estaba, mejor podía seguir sus pasos. Como no hay mejor modelo de padre que el mismo Padre, la mejor opción es avanzar cerquita de Él y seguir sus huellas. Si te alejas, si te quedas atrás, si lo pierdes de vista, no podrás seguirlo bien. Si has dejado de verlo o nunca has visto a Dios Padre, estás en la otra vereda y necesitas buscarlo con todo tu corazón. Si no está siendo el centro de tu vida, puedes estar perdiendo de vista las huellas del Padre y necesitas reenfocarte.

Para mí, andar en la vereda del frente es **perder la perspectiva de lo importante en la vida, donde el llamado a ser padres es una de las cosas más relevantes.** Ciertamente creo en el valor del matrimonio y el "desarrollo personal" de la vida de un cristiano, en la que sea anhelo plasmar en sus actividades cotidianas la plena voluntad de Dios. Pero pienso que en tiempos de crianza y formación de los hijos, la tarea central son ellos; siendo un quehacer que por momentos puede anteponerse a todos los demás. Como, por ejemplo, cuando la madre tiene que sacrificar sus horas de sueño para alimentar a su bebé. Del mismo modo, cuando son pequeños, pueden requerirte pausar tu vida para alimentar sus espíritus. Al estar en la vereda del frente puedes tender a creer que tu trabajo es prioritario y justificar incluso que trabajas con vigor justamente por el bien de tus hijos o para darles todo lo necesario. Pero Dios nunca dijo que era con tus fuerzas, por tu mérito o a tu manera. Por el contrario, Dios dice que Él provee a sus hijos de TODAS sus necesidades.

Al estar en la vereda del frente puedes sentirte tentado a creer que el servicio a Dios es primero; pero, definitivamente, en las época sensibles de crianza, tus hijos lo son. Con dolor puedo decir que hay personas que aman a Dios pero que, por servirlo, han descuidado su encargo principal. Sus hijos tienden a rechazar a Dios, porque lo relacionan con el motivo de su frustración o abandono. He visto a muchos de estos hijos de regreso al Padre, pero después de haber dado una larga y dolorosa vuelta que era innecesaria. En esa vereda "haces" para Él lo que crees que Él espera, pero en realidad no sabes qué quiere. En los periodos más sensibles de la crianza y formación de tus hijos —cuando son pequeños especialmente— nada es más importante que ellos, ni siquiera tu ministerio. Porque, de hecho, tu primer ministerio es tu familia. Eso es lo que Él te encarga.

Con esto, no quiero decir que en ese tiempo uno deje todo de lado: matrimonio, trabajo e iglesia; por supuesto que no. Lo que digo es que ellos son lo más importante, aunque no lo único. Estoy diciendo que tu primer esfuerzo y energía necesitan ser dirigidos a atender sus necesidades, dejando a Dios que ordene el resto de tu vida y tus prioridades.

Para mí, andar en la vereda del frente es **creerte solo en el desafío de ser padre o madre y estar decidiendo hacer la tarea a tu manera**. Tan pronto llega un hijo a los brazos de sus padres, éstos se preocupan de pensar cómo lo cuidarán al llegar casa y cómo lo harán para brindarle lo necesario; tan pronto como entran en la escuela se preguntan cómo lo harán para pagar su educación o cómo lo harán para ayudarlo a aprender; llegan a la adolescencia y se preguntan cómo enfrentarán su desobediencia o cómo lo harán para cuidarlos si ya no saben tanto de ellos. No hay periodo en que no se preocupen y no se afanen. Generan sueños, expectativas, ideales y hacen planes para sus hijos. En esa vereda, no le preguntas a Dios sobre Sus sueños, Sus expectativas, Sus ideales y Sus planes para Sus hijos (que llamamos "mis" hijos).

En definitiva, en la vereda del frente no se disfruta de la carga ligera que Dios ha soñado para la vida de padres o madres. No es la vereda del camino ligero, ni para ti ni para ellos. **La vereda del frente es la vereda del cansancio, de la frustración y el fracaso** que derivan de ser el conductor del automóvil en vez de ser el bebé que va sentado atrás en la silla de seguridad. Su vereda, en cambio, es la que da descanso, ayuda, favor y agradecimiento.

Pienso que estar en la vereda del frente es **dejarse llevar por los momentos difíciles y las emociones intensas que se levantan en ellos**. En esta vereda, tus emociones, tus pensamientos y reacciones no están rendidos al Padre. Fácilmente puedes ser movilizado desde emociones intensas como la ira o la frustración; tener pensamientos falsos que se levantan en torno a tus hijos y que nublan la posibilidad de ver lo que Dios dice de ellos;

y puedes tener reacciones que son respuestas impulsivas o que están basadas en dichas reflexiones equivocadas. En esa vereda no hay claridad, no hay visión, no hay sabiduría. A veces aciertas, a veces puedes errar. No hay la certeza de andar haciendo lo correcto, lo que beneficia a tus hijos. Tan sólo los años te podrían decir si esa vereda llega a la misma meta que Dios ha soñado.

> "36 Maestro, ¿cuál es el mandamiento más importante de la ley? 37 'Ama al Señor tu Dios con todo tu corazón, con todo tu ser y con toda tu mente' —le respondió Jesús—. 38 Es el primero y el más importante de los mandamientos. 39 El segundo se parece a éste: 'Ama a tu prójimo como a ti mismo'. 40 De estos dos mandamientos dependen toda la ley y los profetas".
>
> *Mateo 22:36-40 (NVI)*

Por último, andar en la vereda del frente es, para mí, **dejarse llevar por consejos sin base** provenientes del mundo, cuando surge confusión o dudas de cómo actuar. Por ejemplo, cómo manejar las pataletas de un hijo, cómo hacer que aprenda a no pegarle al hermano, cuándo dejarlo tener su Facebook, qué hacer si lo descubro robando, a qué edad dejarlo pololear, etc. Para todo, la sociedad te dará una solución o respuesta. Pero si esta solución no está alineada con lo que Dios dice en su Palabra o se contradice con el sentido esencial de su mensaje, a mi juicio, es una salida sin base y alejada de la voluntad del Padre. Incluso prácticas que se han cultivado y enseñado dentro de la vida de iglesias, tienen un fundamento más bien legalista y religioso, en vez de estar enmarcadas en el mandamiento central de amar a Dios por sobre todas las cosas y a nuestro prójimo como a nosotros mismos. Nuestros hijos también son nuestro prójimo. Y cuando no los estamos amando, los estamos alejando de la posibilidad de llegar a amar al Padre por sobre todas las cosas. Todo método sin fundamento en el amor del Padre puede dejar heridas en tus hijos y toda herida puede ser una interferencia en su relación con Dios, porque su relación contigo será el modelo principal y de mayor peso.

Si en algún punto o de alguna manera sientes que estás a veces o permanentemente en la vereda del frente, te animo a hacer un cambio. Pásate a la vereda de la unción, donde tu rol es ejercido con propiedad y con excelencia, por mérito del Padre.

XI. TU EQUIPAJE PARA EL VIAJE

"El Señor dirige los pasos de los justos;
se deleita en cada detalle de su vida".

Salmos 37:23
Nueva Traducción Viviente (NTV)

Yo no conozco tu situación de padre o madre. Pero independiente de que tus hijos sean pequeños o grandes, ya sea que sientas que muchas cosas están saliendo bien en la crianza y formación de tus hijos, o bien, sientas que estás batallando con montañas imposibles de vencer; ya sea que estés criando en pareja o con escaso apoyo; ya sea que no te pesen heridas de la infancia o que cargues pesadas mochilas; o ya sea que tengas hijos fuertes o frágiles... Sea como sea, en mi corazón está decirte que puedes decidir empezar un novedoso viaje, porque creo que Dios nos prepara en diferentes momentos para avanzar nuevos trechos. Te animo a creer que éste es tu momento. Te animo a estar preparado y dispuesto a aprender y mejorar. Cuando vamos a viajar, es más fácil comenzar con una maleta más bien vacía e irla llenando de lo que necesitaremos en esta nueva aventura, que tomar una maleta repleta e ir revisando lo que se tiene y lo que falta. Así que te invito a sacar de tu maleta varias cosas, antes de llenarla de lo último necesario para tu viaje.

Saca de tu maleta los **recuerdos antiguos de tus dolores de hijo**. Cualesquiera que sean los errores o faltas de tus padres, ya pasaron. No puedes cambiar ni un mínimo detalle de lo acontecido, ni puedes revertir suceso alguno. Pero Dios Padre puede restaurar tus dolores y restituir lo que te ha faltado. Puede mostrarte que Él puede suplir cada aspecto que falta en tu vida, cada vacío de tu corazón, cada detalle que te faltó vivir o aprender. Él siempre ha estado presente en tu vida. Sabe tus dolores, conoce las ataduras de tu alma. No hay ni una herida que su amor de Padre amoroso no pueda sanar ni dolor que no pueda consolar.

Saca de tu maleta, las **culpas de las cosas que sientes que no has hecho bien**. Dios te redime y te vuelve a levantar. Sin ser consciente de su gracia, tenderás a quedarte en el charco de lodo cuando te observes fallando. No te culpes a ti mismo, no seas soberbio, tu opinión sobre ti no es más verdadera que lo que Dios piensa de ti. Acepta el perdón del Padre y deja que te muestre cómo te ve alcanzando el éxito, porque Él ve la obra terminada. Aun en el proceso en el que te encuentres, Él ve el final y ve tus brazos levantados en victoria.

Saca de tu mente **todo pensamiento de derrota y cualquier idea de algún imposible**. Si piensas que tienes un "hijo imposible" o una circunstancia "imposible de vencer", no estás mirando a tu verdadero Rey. Porque no tienes un Dios pequeño, sino al más grande y único Dios. Aquel que es Todopoderoso está de tu lado, ¿quién contra ti? Cuando tú no puedas, Él te levantará; cuando tú decaigas, Él peleará la batalla por ti y Él ya ha ganado. La derrota no es para los hijos del Padre-Rey.

Saca de tu maleta **toda idea negativa sobre tus hijos**, en especial, desecha las etiquetas que les has puesto. Sin darte cuenta, puedes haber determinado percepciones rígidas y dañinas, que detendrán su posibilidad de cambiar y crecer hacia cualidades y comportamientos más positivos.

Por último, expulsa de tu maleta **toda idea preconcebida de ti**, sobre todo, las ideas de lo que "no puedes" o "no sabes", porque Dios se glorifica en tu debilidad. No te eligió para ser el padre de tus hijos por tu capacidad, sino por lo que ve en tu corazón y que Él ama. Él edificará lo necesario en ti, levantará las ruinas y te equipará con todo lo necesario. Sólo necesita un corazón dispuesto: "¿Eres tú, hijo mío? ¿Quieres que haga una gran obra en tus hijos a través de ti?". Si tu corazón está dispuesto, prepara tu equipaje y sigue el camino.

Si decides eliminar estas cosas y emprender un viaje nuevo, te animo a mantener tu mente abierta y tu corazón dispuesto a recibir de parte de Dios lo que Él te quiera mostrar. Cada padre o madre iniciará un viaje diferente e incluso particular para cada hijo. Dios te conoce a ti y conoce a cada uno de tus hijos. Sabe lo que necesitarás y anhela equiparte. Habrá cosas generales que guardar en tu maleta y cosas particulares que Dios te mostrará de manera personal. En lo general, visualizo cuatro cosas.

En primer lugar, guarda en tu maleta un **corazón entrenable**. Disponte a ser guiado por Dios para descubrir verdades aún ajenas a tus ojos. Él puede sorprenderte revelándote las cosas más ocultas y más profundas acerca de ti mismo y de tus hijos. Puede guiar tus pasos de una forma tan delicada y personal, tal cual como la necesites. Mantén altas tus ganas de conocer a tus hijos y las ganas de darles todo lo que necesitan de ti.

Guarda **humildad**, para que estés seguro de que Dios pueda corregirte y confrontarte cuando sea necesario. Es importante reconocernos responsables cuando hemos errado; pero quedarnos en el barro de la culpa, no nos deja avanzar. Si eres capaz de pedir perdón a Dios y a tus hijos cuando es necesario, no habrá peso sobre tus errores, sino que ellos te darán un nuevo impulso a seguir mejorando. La humildad también te permitirá ser capaz de aprender preguntando a otros padres sabios que hayan caminado por esos temas antes que tú, en vez de quedar atrapado en la necesidad de cuidar tu imagen de buen padre o madre cristiano/a. Todos los padres luchamos por las mismas cosas. No te empequeñece ser vulnerable y dejar que otros te animen, te guíen y oren por ti.

Necesitas guardar en tu maleta **sensibilidad** para ver lo que Dios quiera mostrarte y lo que tus hijos necesitan que veas.

Los padres poco sensibles no captan las necesidades de sus hijos porque tienden a ver sólo desde su perspectiva, sin notar las sutilezas que Dios les muestra. Cuando dejas que Dios te muestre a los otros (tus hijos) como Él los ve, puedes descubrir sus flaquezas, sus luchas, sus debilidades, y eso te llenará de la misericordia que necesitas para perdonar, para ser paciente y para guardar tu corazón de la ira y la crítica.

Por último, necesitarás para este viaje, guardar en la maleta la **decisión de buscar a Dios**. Estoy hablando de algo en extremo difícil para los ajetreos de este tiempo, pero que es algo muy simple. Se trata de preguntar a Dios lo que necesitas saber y dejar tiempos para leer su Palabra, escuchar o leer a personas inspiradas por Él y guardar silencio para dejarlo responderte. Esto último es especialmente importante, porque muchas veces no es que Dios no responda, sino que no has callado tu boca ni tus pensamientos para escucharlo dar con claridad la respuesta que has pedido.

Antes de despedirme, quiero que sepas que lo que me ha impulsado a escribirte es el amor por tus hijos, sabiendo que para ellos tú eres la persona más importante y que la relación contigo impactará sus vidas, así como su relación con Dios y las demás personas. He orado por ti y tu vida, para que logres llevar a cabo la encomienda del Padre. Tengo la certeza de que Dios me ha llamado e inspirado a escribirte porque su anhelo es animarte, edificar tu vida y equiparte. La tarea no la harás solo, sino con Su ayuda directa y en Sus fuerzas. Que Dios te bendiga.

Bibliografía

I. Textos bíblicos

1. LA SANTA BIBLIA. Nueva Versión Internacional (NVI) (1999). Estados Unidos: Editorial Bíblica.

2. LA SANTA BIBLIA. Nueva Traducción Viviente (NTV) (2010). Estados Unidos: Tyndale House Foundation.

II. Textos de consulta

1. AINSWORTH, M., BLEHAR, M., WATERS, E. & WALL, S. (1978). *Patterns of attachment: A psychological study of the strange situation.* U.S.A.: Lawrence Erlbaum Associates.

2. BERGMAN, N. J. (2004). *Randomized controlled trial of skin-to-skin contact from birth versus conventional incubator for physiological stabilization in 1200- to 2199- gram newborns.* Obtenido de: *https://www.ncbi.nlm.nih.gov/pubmed/15244227*

3. GIMÉNEZ-AMAYA, J. M. (2009). *Neurobiología del "vínculo del apego" y embarazo.* Cuadernos de Bioética [en línea]: Obtenido el 20 de enero de 2018 de: *http://sociales.redalyc.org/articulo.oa?id=87512342003*

4. GOLDSTEIN, N., LARRAÍN, C., LECANNELIER, F. Y POLLAK, D. (2008). *Manual de capacitación: Taller facilitando la relación de apego madre-bebé.* Centro de Estudios Evolutivos e Intervención en el Niño (CEEIN).

5. GUZMÁN, M. Y CONTRERAS, P. (2012). *Estilos de apego en relaciones de pareja y su asociación con la satisfacción marital.* Obtenido de: *http://www.psykhe.cl/index.php/psykhe/article/viewFile/499/453*

6. HAZAN, C. & SHAVER, P. (1986). *Romantic love conceptualized as an attachment process*. Obtenido de: *https://pdfs.semanticscholar.org/a7ed/78521d0d3a52b6ce532e89ce6ba185b355c3.pdf*

7. KIYOSAKI, R. (2014). *Niño rico niño listo*. México: Editorial Punto de Lectura.

8. LA TERCERA (s/f). *Científicos fijan el comienzo de la adultez a los 25 años*. Obtenido en: *http://diario.latercera.com/edicionimpresa/cientificos-fijan-el-comienzo-de-la-adultez-a-los-25-anos/*

9. LECANNELIER, F. (2009). *Apego e intersubjetividad*. Santiago, Chile: LOM Ediciones (serie universitaria).

10. LÓPEZ-DÓRIGA DIGITAL (2017). *Científicos revelan la edad a la que madura el cerebro humano*. Obtenido de: *https://lopezdoriga.com/ciencia-tecnologia/cientificos-revelan-la-edad-a-la-que-madura-el-cerebro-humano/*

11. MULDER, E. J., ROBLES DE MEDINA, P. G., HUIZINK, A. C., VAN DEN BERGH, B. R., BUITELAAR, J. K. Y VISSER, G. H. (2002). Prenatal maternal stress: effects on pregnancy and the (unborn) child, *Early Human Development*, vol. 70, pp. 3-14.

12. OATES J., KARMILOFF-SMITH A. Y JOHNSON, M. (2012). *El cerebro en desarrollo*. Obtenido de: *https://bernardvanleer.org/app/uploads/2016/03/El-cerebro-en-desarrollo-0131.pdf*

13. PRENSKY, M. (2010). *Nativos e inmigrantes digitales*. Obtenido de: *https://www.marcprensky.com/writing/Prensky-NATIVOS%20E%20INMIGRANTES%20DIGITALES%20(SEK).pdf*

14. UNIVERSITY OF MASSACHUSSETS BOSTON (s/f). *Creativity & Innovation*. Obtenido de: *https://www.umb.edu/Why_UMass/Ed_Tronick*

15. ZIMMERMAN, F., CHRISTAKIS, D. Y MELTZOFF, A. (2007). *Associations between media viewing and language development in children under age 2 years*. Obtenido de: *https://www.jpeds.com/article/S0022-3476(07)00447-7/abstract*

TWO Tiempo Contigo

¿Quieres mejorar la calidad del tiempo que pasas con tu hijo?

TWO Tiempo Contigo es un recurso parental presentado en forma de juego que te ayudará a pasar tiempo exclusivo de alta calidad con cada uno de tus hijos, respondiendo a las necesidades específicas de conexión de acuerdo a su edad.

Contiene una guía para fortalecer tu rol parental y 152 ideas de actividades creativas efectivas para fomentar la cercanía emocional en las diferentes etapas de tus hijos (0 a 19+).

DISTRIBUYE VIDALIBROS CHILE
SAN DIEGO # 221, METRO UNIVERSIDAD DE CHILE – SANTIAGO, CHILE
https://www.tiendavidalibros.cl